T0348353

Transformar la Herida Materna

La información contenida en este libro se basa en las investigaciones y experiencias personales y profesionales del autor y no debe utilizarse como sustituto de una consulta médica. Cualquier intento de diagnóstico o tratamiento deberá realizarse bajo la dirección de un profesional de la salud. La editorial no aboga por el uso de ningún protocolo de salud en particular, pero cree que la información contenida en este libro debe estar a disposición del público. La editorial y el autor no se hacen responsables de cualquier reacción adversa o consecuencia producidas como resultado de la puesta en práctica de las sugerencias, fórmulas o procedimientos expuestos en este libro. En caso de que el lector tenga alguna pregunta relacionada con la idoneidad de alguno de los procedimientos o tratamientos mencionados, tanto el autor como la editorial recomiendan encarecidamente consultar con un profesional de la salud.

Título original: TRANSFORMING THE MOTHER WOUND
Traducido del inglés por María del Mar López Gil
Diseño de portada: Editorial Sirio, S.A.
Maquetación: Toñi F. Castellón
Ilustraciones de interior: Angie Shea

©   de la edición original
2024 de Monika Carless

Publicado originalmente en 2024 por Hay House Incc. USA

©   fotografía de la autora
Sara Deyell

©   de la presente edición
EDITORIAL SIRIO, S.A.
C/ Rosa de los Vientos, 64
Pol. Ind. El Viso
29006-Málaga
España

www.editorialsirio.com
sirio@editorialsirio.com

I.S.B.N.: 978-84-10335-07-3
Depósito Legal: MA-2644-2024

Impreso en Imagraf Impresores, S. A.
c/ Nabucco, 14 D - Pol. Alameda
29006 - Málaga

Impreso en España

Puedes seguirnos en Facebook, X, YouTube e Instagram.

Monika Carless

Transformar la Herida Materna

Prácticas y rituales sagrados
para sanar a la mujer sabia
que hay en ti a través de la
espiritualidad de la
Gran Madre Universal

EDITORIAL
SIRIO

*Para mi madre Teresa, que me dio la vida y un propósito,
y para mi madre Henryka, que me despertó a ella.*

ÍNDICE

Las cosas que las mujeres reclaman son a menudo su propia
voz, sus propios valores, su imaginación, su clarividencia,
sus historias, sus recuerdos antiguos. Si ahondamos en lo
más profundo, oscuro y desconocido, tocaremos los huesos.

CLARISSA PINKOLA ESTÉS

Mientras nos resistamos al dolor o a la verdad, impediremos
la sanación del corazón y, por lo tanto, no tendremos
acceso a la luz que muchas anhelamos alcanzar.

Y nos quedaremos atrapadas en cosas que no se corresponden
con nuestro verdadero ser, con nuestro pleno potencial,
a veces con tal de evitar unos instantes de «verdad».

Comienza en el punto en el que estás.
No demores el cambio.
Avanza con lo que es posible.

SOPHIE GRÉGOIRE, *SHE IS THE MOON*

Nota importante: Los rituales chamánicos son propios de diversos pueblos indígenas, como los celtas indoeuropeos, los amerindios, los aborígenes australianos y las tribus nativas de la Polinesia, por citar algunos. Yo, como mujer sabia seguidora de la tradición chamánica de la Europa del Este, soy proclive a mi cultura de origen, pero también me apoyo en la sabiduría extraída de culturas de todos los rincones del mundo. A la hora de incorporar rituales de magia ajenos a mi legado, honro y reconozco la soberanía de los diversos maestros, ancestros y pueblos, de cuya valiosa sabiduría me nutro.

INTRODUCCIÓN

Entregarse a la sanación del útero sagrado

Tengo el gran honor de compartir contigo un mapa para que te reconcilies con la historia de tu herida materna. Si estás aquí es porque tu alma te ha traído hasta este libro. Se trata de una exploración dinámica centrada en la transformación a nivel celular e intergeneracional, con herramientas que te invitan a participar en tu viaje de sanación de una manera interactiva.

A lo largo de este recorrido, puede que observes que tu creatividad, tu intuición, la frecuencia vibratoria de tu alma y tu empatía, así como la conexión contigo misma, con la fuente vital y con toda forma de vida, se intensifican.

Encarnados y alineados, tu cuerpo, tu mente y tu espíritu emprenderán un nuevo camino: el de servirte de medicina de las heridas del pasado y expresar tu autenticidad sin temor.

Los pueblos ancestrales valoraban los ritmos naturales del universo y del planeta y, de este modo, hallaban arraigo en su cualidad humana, así como en la dimensión sagrada de su naturaleza infinita.

Es en nuestra condición humana donde experimentamos la plenitud de la existencia: la luz, la oscuridad, el mundo interior y el exterior. Todo es sagrado. Tú eres sagrada.

En esta obra, mi intención es honrar el misterio, la magia y los elementos que subyacen en la transformación de las heridas profundas, porque la vida abarca mucho más de lo que es posible cuantificar mediante un método científico lineal. La vida también es tu naturaleza multidimensional, tu cualidad humana y tu espiritualidad. Exploremos juntas.

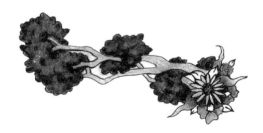

El método para sanar la herida materna es el mismo que podemos usar para cualquier tipo de herida, porque nos enseña a estar en armonía con lo que es y con nosotras mismas.

Sobre mí

Mi experiencia en la sanación de la herida materna ha sido una de las grandes enseñanzas de mi vida, y escribir este libro ha sido mi gesto de devoción a la consciencia universal y de servicio a la humanidad.

Tengo el honor de formar parte de tu crecimiento, amiga, al igual que otros han formado parte del mío.

Sin lugar a dudas, mi experiencia de orfandad, adopción, traslado, desafío, y finalmente toma de conciencia de mi propósito, ha supuesto una iniciación en mi senda espiritual. A lo largo de estas páginas, creadas para la sanación colectiva de la herida materna y de la Gran Madre, transmito mi historia, mi proceso y mi gratitud.

Siempre he ahondado en la raíz de las cosas porque es ahí donde cualquier historia comienza y donde mejor se entiende.

El sinuoso camino de la sanación me condujo a las profundidades del bosque, a algo de lo que guardaba un vago recuerdo, de donde salí convertida en hechicera, en alquimista del alma.

Mis tres largas peregrinaciones a través de los bosques del norte de Inglaterra me trajeron reminiscencias de vidas pasadas, pues conecté con recuerdos remotos de lo divino femenino y de mis orígenes ancestrales. Amplié mis conocimientos sobre nutrición holística, agricultura orgánica e iniciativas de cultivo local. Cada paso que di, a veces aparentemente de manera fortuita, me proporcionó un conocimiento más profundo acerca de mí misma, de mi lugar en el mundo, de la extraordinaria sincronía de mi vida, de la sabiduría que me reportó mi herida y de cuál era mi misión vital.

Al mismo tiempo, crie a dos hijas inculcándoles autonomía, las alenté a pensar con libertad —pasaron temporadas sin escolarizar– y siempre procuré no repetir el ciclo de mi turbulenta infancia, cuyos resultados fueron, pese a las buenas intenciones, ambivalentes. A medida que mis hijas crecían, yo crecí, y en el proceso fui consciente de que mi madre (al igual que yo) había sufrido sus propias heridas profundas.

Las palabras y la escritura se convirtieron en la mejor medicina para sanar mi herida materna y en los cimientos de este libro.

Como iniciada en los ritos *munay-ki*, encontré caminos directos para desprenderme de las capas de las heridas enquistadas y tengo el honor de transmitir estas enseñanzas a mi comunidad. Mi vida y el potente resurgir de las proverbiales cenizas de la herida materna son el fundamento de mis enseñanzas en la actualidad.

Cómo usar este libro

Puede que te resulte útil hojear los capítulos de antemano con el fin de ver la progresión de los pasos hacia la transformación y familiarizarte con el proceso para integrar esta obra con intención.

Los capítulos uno («Crear un espacio seguro») y dos («Primeros pasos») allanan el terreno para ir entrando en materia. Nuestros cuerpos y nuestras almas se encuentran muy en sintonía con los cambios que realizamos en el estilo de vida; al meterte de lleno, puede que notes efectos sutiles o, por el contrario, palpables.

El enfoque sostenible de la autosanación garantiza que tú y tu niña interior os sentiréis seguras conforme vayáis asimilando estas páginas.

Reunir herramientas

Para anclar el trabajo espiritual en el plano físico, propongo diversas herramientas de la mujer sabia. El capítulo dos proporciona información sobre el uso de un diario, además de cómo crear un altar que incluya cartas del tarot y cualquier otra herramienta del oráculo que desees; objetos tradicionales presentes en los altares, como velas, cristales, elementos naturales e imágenes de la Madre o la Diosa; fotografías de tu infancia y una foto reciente de ti.

Cualquier recurso que utilices o deidad que invoques en tu práctica constituye un puente que facilita el trabajo tanto en el plano espiritual como en el físico. Usa lo que tienes a tu alcance o busca lo que precises; sea como sea, hazlo en función de tus necesidades.

¡Bendito sea tu camino, mujer salvaje y soberana!

*Lo que el pueblo necesita es
sanar la herida materna.*

CAPÍTULO 1

Crear un espacio seguro

Conectamos con la herida materna para encontrar nuestra valía y nuestro propósito. Tal vez nuestra madre jamás se convierta en la persona que pensamos que necesitamos; sin embargo, nosotras podemos convertirnos en nuestro propio pilar. Lo cierto es que precisamente tenemos la madre adecuada para impulsarnos a emprender el camino de la sabiduría. Ella es la puerta que conduce a nuestro empoderamiento. La madre es nuestro despertar.

UNA LLAMADA AL CÍRCULO

*La herida materna es una puerta que cruzamos con el
fin de despertar el amor incondicional y la compasión
en el corazón. Doy fe de tu valentía y determinación
para entender y sanar a un nivel tan profundo.*

Imagina que, al leer estas páginas, te unes a una mesa
redonda formada por un círculo de mujeres y que cada
una de nosotras posee la misma voz y presencia. Que
las mujeres de todo el mundo participan para sanar sus
respectivas heridas maternas y que tú te unes a ellas
por medio de la intención. El simbolismo del círculo
es como el propio infinito, un misterio cósmico cuya
energía posee los códigos de la totalidad de la existencia. Participar en este círculo es formar parte del útero,
abrazar la naturaleza cíclica de la vida. Es unidad e inclu-
sión, plenitud y culminación. Es conectar con tu centro.

Como parte de mi dedicación y servicio a ti, creo
un círculo mágico e invito a los elementos aire, agua,
tierra y fuego, junto a los cuatro puntos cardinales, a
que te acompañen en el proceso.

Invoco y doy gracias a todos los espíritus y diosas que te son propicios. Pido a tus antepasadas que te guíen con su sabiduría y apelo al templo de tu corazón a abrirse a lo que está por venir. Que el calor y la seguridad de este círculo te arropen.

Que así sea.

Reina, Madre, Hija, Mujer Sabia, Amante, Maestra, Bruja...

*Los arquetipos de lo divino femenino se
manifiestan en multitud de formas.*

*No se la debe reprimir; es un fuego que
consume y nutre, que crea y sana.*

Unas veces es un río embravecido; otras, una brisa silenciosa.

*Ella baila con sus guías, ancestros y ángeles. Es
inconmensurable, erótica, sabia, entregada y receptiva.*

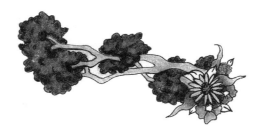

EL CAMINO SAGRADO HACIA LA SANACIÓN DE LAS HERIDAS PROFUNDAS

Tu viaje es tan único como tú, y no existe un límite de tiempo establecido para la transformación. No obstante, hay ciertos pasos concretos que puedes realizar con el fin de propiciar la aceptación y la paz, la rendición y el empoderamiento.

Paso 1. Entiende que nada fue culpa tuya

Practica la compasión, el amor y el perdón hacia ti misma.

Paso 2. Conócete

Cuando entiendes tu propio misterio, tu propósito y la misión de tu alma, eres capaz de empoderarte con arrojo y valerte de tu historia para alcanzar la sabiduría.

Paso 3. Acepta a tu madre tal como es, no como la mujer que te gustaría que fuera

La Madre entraña una gran complejidad como arquetipo y forma de pensamiento. Deja a un lado las expectativas y considera a tu madre, por encima de todo, como una mujer programada sistemáticamente en un mundo patriarcal.

Paso 4. Llora por la madre ausente y la niña herida

Deja que aflore el dolor, da rienda suelta a las emociones y apoya a tu niña interior.

Paso 5. Observa y ten presentes tus heridas, emociones y experiencias

Analiza tus vivencias con honestidad y presencia. Reconoce el dolor, y este se reconocerá a sí mismo. El miedo y la ira precisan un canal para expresarse y mitigarse.

Paso 6. Encuentra a tu madre interior y tu propio consuelo

Asumir la responsabilidad de tu propia experiencia vital, encontrar formas de nutrirte y desprenderte de las capas de las heridas contribuye a crear la vida que anhelas, a exonerar a tu madre de la carga de la responsabilidad y a dejar de buscar una relación que te «salve», pasando así de la codependencia a la cocreación.

Paso 7. Pon límites sólidos

Establecer límites sanos y sólidos con los demás y contigo misma te protege para evitar repetir los ciclos de abuso, abandono y desamparo.

Paso 8. Busca apoyo

Cultiva relaciones con personas positivas que te respalden y, en caso necesario, acude a terapia. Evita dramatizar y nutre tu relación con la Gran Madre.

Paso 9. Ten presente que la sanación es una espiral

La sanación de la herida materna no es un destino: es un viaje de autodescubrimiento, como cualquier ciclo natural al que regresamos una y otra vez con el fin de obtener un aprendizaje más profundo, rendirnos al proceso y cultivar la sabiduría.

Al inicio de tu viaje de sanación, tomarás conciencia del yo condicionado: el que adopta conductas y patrones cómodos y predecibles. Lo observarás con el anhelo de cambiar. Conocerte de este modo constituye un desafío. Al principio, como a lo largo de las fases del duelo, es posible que experimentes sentimientos de asombro y vergüenza.

En la siguiente etapa de la sanación, te darás cuenta de que de hecho eres cocreadora de tu vida, de que no eres víctima de un destino misterioso, sino hacedora de tu propia realidad de una manera consciente. A medida que avanzas con intención, el yo condicionado va desapareciendo.

Posteriormente, experimentarás dolor y conocerás a la niña interior cuyas experiencias vitales son tan individuales como colectivas.

A lo largo de todo el proceso, tomamos conciencia de la realidad del pasado, de la del presente y de la que estamos creando. Cuando nos queremos más a nosotras mismas, con verdadera compasión e indulgencia, nace la aceptación. Comenzamos a vivir a un nivel más profundo, en una dimensión más auténtica, donde el trauma o la herida pasa a ser un regalo de provecho para nosotras mismas y para el resto.

Síntomas de sanación

- Sentirte a gusto y segura en tu cuerpo y en el mundo.
- Evocar recuerdos con valentía, amor y compasión en vez de con miedo.
- Aceptar tu mente y tus pensamientos como aliados.
- Vivir el instante presente en todo momento.

Del mismo modo que somos seres individuales, también formamos parte de un clan. Al igual que los lobos, las mujeres sabemos de manera instintiva que los vínculos nos mantienen vivas, a salvo y en sintonía con el conjunto del mundo.

ENTENDER EL TRAUMA

El trauma se produce cuando el sistema nervioso se ve sobrepasado por una experiencia. Los desencadenantes pueden ser la violencia, la guerra, un accidente, el maltrato verbal o emocional, sufrir un suceso traumático de la infancia o el *shock* de presenciarlo, por citar algunos.

Entre los síntomas del trauma figuran la ira, la ansiedad, el miedo, la depresión, las reacciones a nivel físico, el aislamiento y los pensamientos autodestructivos.

Cuando no se reconoce el propio trauma, este se agudiza.

Es posible quedarse atrapada en una de las tres etapas del trauma: la conmoción inicial, la fase de análisis (intentar encontrarle explicación) o la respuesta inicial.

La autosanación o la sanación asistida consta de varios pasos:

- **Crear un espacio seguro para analizar el trauma.** Se trata de reunir recursos y herramientas para utilizarlos a lo largo del proceso. Pueden ser prácticas somáticas, relaciones, actitudes, hábitos, entornos o cualidades.

  ¿Qué puede ayudarme a caminar entre estas tinieblas y al mismo tiempo permanecer enraizada y estable?

- **Analizar el trauma.** Es posible que el trauma esté asociado a un tamaño, una forma, un olor, un sonido o un color.

  ¿Qué sensaciones me produce en el cuerpo? ¿Qué recuerdo, qué siento, qué sé o qué intuyo?

- **Averiguar cómo gestionar el trauma de una manera positiva.** Busca de qué forma tu experiencia traumática podría aportarte resiliencia, seguridad y otros beneficios. Practica el amor incondicional hacia ti misma.

  Al afrontar los recuerdos, ¿qué eres capaz de hacer ahora que no podías hacer antes?

- **Distinguir entre respuestas sanas e insanas.** Ármate de más recursos que te ayuden a entender la diferencia entre reacción y respuesta.

  ¿Hay algo relativo a la respuesta al trauma que puedas investigar o leer? ¿Necesitas apoyo adicional por parte de un coach *o terapeuta especializado en traumas?*

- **Liberarse del trauma a nivel físico** y reconocer nuestra resiliencia y nuestra valentía es una forma de conectar la mente, el cuerpo y el corazón.

  ¿Qué sientes al saber que tienes poder sobre los acontecimientos, los recuerdos y aquello que conservas o dejas ir?

- **Integrar la experiencia.** Valerse de formas creativas para analizar y gestionar el trauma puede dar lugar a sentimientos de autoestima, fortaleza y paz interior.

  ¿Qué ha cambiado en tu manera de entender el trauma y su influencia en tu vida?

CAPÍTULO 2

Primeros pasos

*Y si nos alzáramos enraizadas… como los árboles,
las mujeres sin duda podríamos no solo salvarnos
a nosotras mismas, sino también al mundo.*

SHARON BLACKIE

CREAR UN DIARIO

Puedes poner por escrito el trabajo interior fruto de estas páginas en el diario que elijas. Un diario es un medio donde encontrarnos a nosotras mismas tras haber tenido el valor de expresar sobre el papel lo que en el fondo nos importa.

Constituye un acto de vulnerabilidad y confianza, de profunda reflexión y de manifestación del anhelo de conservar el proceso. Por medio de la escritura, plasmas en el mundo físico lo que hasta entonces tan solo se hallaba en el éter, en transición. ¡Es pura magia!

Escribir en un diario es una manera de empoderarse y sanar. Es una forma de procesar todo cuanto tu alma y tu encarnación humana están experimentando. Es algo tan personal como tú.

Las páginas del diario no juzgan ni abrigan expectativas de nada; su único cometido es ser un medio de expresión.

Puedes llenarlo de palabras, manualidades, recortes de revistas, dibujos a lápiz, con colores o rotuladores, fotografías o hilos de colores. Da rienda suelta a tu creatividad. Un diario digital es otra opción, aunque yo te recomiendo usar uno impreso con el fin de poder «sostener» tu viaje entre las manos.

Cuando leas el diario pasados meses o años, tal vez seas plenamente consciente de tu sabiduría, y te asombrará la maestra en la que se ha convertido tu antiguo yo.

La creatividad es inherente a lo divino femenino y un medio excelente para conectar con nuestra verdadera esencia.

LA IMAGEN DE LA DIOSA QUE HAY EN TI

Para continuar fluyendo, te sugiero que te hagas una foto y la pegues en el diario.

¿Qué sientes al contemplar a la mujer que te observa?

Permítete jugar. Ponte cuantos adornos desees, inspirándote en una diosa de tu elección, para la fotografía. Retoza al aire libre o en el interior. Es un rato para centrarse en la creatividad, en el que puedes explorar la expresión de tu idiosincrasia.

Escribe las palabras que te transmite. Dale voz. Al hacerlo, ten presente que solo has de dar testimonio de lo que percibas, sin juzgar. Arrópala en el espacio del corazón con amor y compasión. Tu imagen es el reflejo de la propia diosa y del conjunto de las mujeres.

CONSTRUYE UN ALTAR

Construir un altar refuerza tus intenciones y honra el proceso que estás viviendo. Los altares conectan la memoria colectiva con rituales ancestrales, que antiguamente establecían el vínculo con lo divino.

Crea un espacio donde poner velas, cristales, la figurilla de una diosa que represente a la Madre, incienso y cualquier otro objeto que sea especial o significativo para ti.

A lo mejor deseas colocar en el altar una fotografía de tu niñez, con o sin tu madre, solo un retrato de tu madre o una imagen de alguien que la represente. Si respondes con un no rotundo a esta sugerencia, apúntalo y revísalo después del ritual de fuego para la reconciliación.

El altar puede cambiar con el paso de los meses. Puedes agregar flores frescas o elementos del mar —el útero del que todos procedemos—, del bosque o del desierto. Deja que eso despierte tu imaginación y refleje tu historia.

Mantén vivo el altar con luz y movimiento. Cuídalo como cuidarías a tu niña interior. La creación de un altar entraña un gran simbolismo y ceremonia. De hecho, estás construyendo un nuevo paradigma para tu ser.

Nota cómo la energía del altar cambia al mismo tiempo que la tuya. Se producirán altibajos: habrá momentos en los que te inspire y posiblemente también otros en los que quizá lo abandones. Simplemente presta atención y toma nota.

Eres energía. La energía debe moverse.

ENCUENTRA UNA PRÁCTICA DE MOVIMIENTO

Para facilitar el fluir de las emociones, te sugiero que elijas un ejercicio físico con el cual disfrutes. Entre mis favoritos figuran el yoga, el *rebounding*,* la jardinería y los paseos por la naturaleza.

¿Cuál es para ti la manera idónea de mover tu cuerpo y con la que más sintonizas? El baile, el surf, el tenis, los bolos, el golf, los paseos con tu perro, rodar por el suelo... Sea cual sea, estará bien.

Por cierto, si has respondido «el sexo», ¡vale! Con intención consciente, el sexo es un medio sagrado para la evolución del alma y una forma maravillosa de generar endorfinas, frenar el ruido mental o mover la energía *kundalini*.

---

* N. de la T.: El *rebounding* es una forma de ejercicio aeróbico que se ejercita sobre un minitrampolín o cama elástica.

AFRONTAR LOS MIEDOS

por Sarah Norrad

¿Podemos afrontar los miedos y aprender a quererlos? ¿Podemos dejarnos guiar por nuestros temores para sanar a un nivel más profundo?

Puesto que el miedo no puede ir a ninguna parte, es imposible erradicarlo de nuestro ser. Precisamente en nuestra red de conexiones nerviosas está programada la habilidad para trabajar el miedo.

Es algo hermoso de nuestro ser que a menudo genera odio; sin embargo, el miedo constituye un elemento válido de la naturaleza humana.

Cuanto más luchemos contra los miedos, más difícil será gestionarlos y avanzar. Si no nos enfrentamos a nuestros temores, si los rehuimos o los ocultamos, se convierten en un azote.

En vez de eso, ¿podemos plantar cara a nuestros miedos y abrazarlos?

¿Podemos valernos de ellos para ser conscientes de la integridad de nuestro ser y recordarnos a nosotras mismas nuestra valentía y nuestro coraje?

El término sánscrito *abhaya* se traduce como 'valentía', que es un objetivo tanto en la senda budista como en numerosas ramas hinduistas. Significa que, lejos de rehuir las cosas, mantenemos una actitud de serenidad y protección hacia ellas.

El problema no es el miedo; el problema surge al evitar sentimientos que consideramos inaceptables. Cuando sentimos algo que nos incomoda, siempre procuramos abstraernos. ¿Y si percibiéramos esa sensación de malestar con una actitud amorosa? ¿Y si diéramos un bonito abrazo a ese miedo para reconfortarlo?

¿Ves lo que ocurre en ese caso?

Cuando amamos algo, aprendemos a gestionarlo. El miedo no tiene por qué ser un obstáculo en nuestro proceso de sanación sagrado; por el contrario, puede ser un pilar que nos acompaña.

SARAH NORRAD, *coach* profesional

*Mis alas han estado siempre ahí, listas para ayudarme
a alzar el vuelo desde las tinieblas que me envuelven.
Siempre estoy, unas veces como crisálida y otras como
mariposa, justo donde necesito estar para liberar mi alma.*

CAPÍTULO 3

La alquimia de las palabras

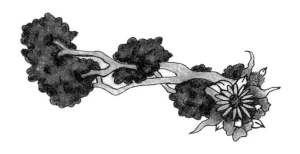

Siempre estamos transitando. Abrigar expectativas de coherencia, de previsibilidad o de personalidades inalterables provoca sufrimiento. En vez de eso, podemos aceptar el fluir de la existencia, dejar de aferrarnos a las expectativas y superar el desasosiego que sentimos ante los cambios inevitables. La energía es incapaz de permanecer inmutable. Encuentra la belleza de tu realidad en continuo cambio.

ESCRIBE LA HISTORIA DE TU TRANSFORMACIÓN

La espiral de la vida

Te estás convirtiendo en la alquimista que transforma el metal común de la herida en el oro del dominio de ti misma.

Este es un trabajo sagrado, un trabajo mágico para practicantes del misticismo y trabajadoras de las sombras, que, de hecho, somos todas cuando nos abrimos a la posibilidad y al espíritu.

Para algunas de nosotras, la historia vivida lo es todo; para otras, es una sombra que ha de olvidarse.

Tal vez no recuerdes con claridad tu experiencia traumática. Es posible que no haya aflorado hasta ahora o que tengas que recurrir a otras personas para que te ayuden a encajar las piezas. Por el contrario, a lo mejor se ha grabado a fuego con todo detalle en tu consciencia. Sea como sea, una vez que das el primer paso, aprendes nuevas formas de relacionarte contigo misma y con el mundo. Cuando el universo honra tu compromiso, se producen cambios palpables.

Tal vez rememores un incidente con tu progenitora que a otros les puede parecer insignificante. O que tengas que gestionar la muerte de tu madre, en el sentido literal o metafórico, en un momento dado de tu vida. Ni las heridas ni los traumas pueden ser comparados. Todas las vivencias poseen el mismo valor y revisten la misma importancia.

Quizá te sorprenda lo que se pone de manifiesto. Es posible que este camino tome unos derroteros inesperados para ti.

La introspección consciente revela los códigos ocultos ancestrales de nuestro ADN.

Algo que sé por mi propio trabajo interior es que, una vez que te comprometes a realizar el viaje de sanación, tus células y tu alma iniciarán el proceso de liberación. Empezarás a soñar, a tener sueños lúcidos y a recordar de una forma que tal vez te sorprenda. Es posible que aparezcan personas del pasado, incluso que recibas la visita de difuntos, ángeles o guías espirituales.

Todo esto no es más que un proceso; en realidad ni siquiera importa que los hechos sean totalmente fidedignos. Somos testigos de nosotras mismas con el fin de hallar compasión para nuestra condición humana.

Este proceso es para ti. Hazlo tuyo. ¡Observa cómo se despliegan esas alas!

Has de ser dueña de tu historia y tener presente que ese trauma, esa experiencia, es un medio para encontrar tu propósito, creatividad, compasión y amor incondicional.

Las heridas del alma brindan un mayor crecimiento espiritual. En las adversidades que sufrimos siempre subyace una perla de aprendizaje y somos nosotras quienes hemos de descubrirla y utilizarla para expandir la consciencia personal y colectiva.

Así pues, al mismo tiempo que nos sucedió a nosotras, le sucedió a la totalidad de la consciencia. Somos portadoras de la herida colectiva. Cuando una sana, todas sanamos. Es una ley universal.

«Estoy reescribiendo mi historia, ¡y es bonita!».

Te invito a que te rodees de todo cuanto te reporte alegría mientras escribes tu historia. Busca espacios que te resulten cómodos e inspiradores. Sírvete tu bebida favorita en una taza especial. También puedes pasar el día en un algún lugar que consideres inspirador o sanador, por ejemplo un jardín, o sencillamente quedarte en la cama, arropando a tu niña interior.

EL ROL DEL EGO

Es posible que te topes con el ego en algún punto del camino. Tal vez te advierta del peligro que conlleva gestionar y superar el trauma. Tal vez te reproche qué derecho tienes a escarbar en cosas que obviamente nunca dejarás atrás y te aconseje que continúes repitiendo el ciclo, renovando las heridas, pues de lo contrario..., ¿quién serías?

El ego *no* es un mecanismo de autoconsciencia.

El ego teme a la muerte porque es incapaz de concebir la vida en el más allá; por eso se aferra a la terrenal. Con el fin de protegerte, intentará convencerte de que el perdón y la sanación son imposibles. Es decir, para el ego, *la transformación entraña en cierto sentido la muerte*. La sabiduría espiritual reconoce que la vida y la muerte son inseparables. Si vivimos, morimos; si morimos, vivimos. Estos ciclos son patentes en nuestra vida. A lo largo de la existencia experimentamos infinidad de muertes y renacimientos. La falsa seguridad que proporciona el ego en esta situación nos mantiene atrapadas en la herida si no somos capaces de separar el grano de la paja.

El ego forma una parte fundamental del ser humano. Nos garantiza la supervivencia en el mundo real con su mecanismo reflejo de lucha, huida o parálisis, pero,

en lo tocante a la transformación, se pierde irremisible-
mente en su lucha por la supervivencia.

Cuando aparezcan el ego y el crítico interior, tráta-
los con compasión, pero mantenlos a raya.

Después de este proceso, puede que tu historia se
convierta en información preliminar, en material de in-
vestigación para tu crecimiento espiritual. No será algo
de lo que la herida se alimenta, sino de lo que aprende.
Es preciso honrar la experiencia vivida, valorarla por sus
enriquecedoras enseñanzas, examinarla con perspectiva
y superarla con el fin de que la herida pueda cicatrizar.

Nuestras heridas son velos o filtros a través de los cuales percibimos el mundo. No nos definen; son experiencias a partir de las cuales podemos avanzar.

«¿Quién soy yo sin este velo, sin esta historia?».

Es posible que nos sorprenda descubrir que somos seres plenos tras este velo. Siente curiosidad por ti misma, por el alma que está evolucionando a través de numerosas vidas, de numerosos velos.

IDEAS PARA ESCRIBIR

Dos versiones de tu historia

Narra tu historia en un diario. También puedes manifestarla a través de la pintura, el baile, el canto, el juego o cualquier combinación de estas disciplinas.

A lo mejor aún no estás preparada para plasmarla sobre el papel. Empieza por donde puedas.

Cuando pones por escrito tu experiencia, brindas apoyo a millones de mujeres cuyas historias jamás han sido escuchadas, que han sido silenciadas para siempre.

Tu historia es la historia colectiva

¿Cuál es tu herida materna tal y como la percibes en este momento?

Consejos para escribir

¿El relato en primera o en tercera persona? Tú decides. Al principio hay quienes se encuentran más seguras usando la tercera persona. En un relato como narradora omnisciente quizá sientas que la distancia te proporciona una mayor perspectiva e incluso más empatía con respecto a la situación o a las personas involucradas. En primera persona tú eres la narradora, la que cuenta la historia desde tu punto de vista, mientras que en tercera persona tu punto de vista no forma parte del relato: simplemente narras los hechos.

La obra maestra eres tú, no la historia. ¿No se te da bien la escritura? No te preocupes; escribe desde el corazón sin más.

No te angusties por los detalles o el ritmo. Deja que fluya de manera natural.

Puede que al principio el relato sea deslavazado o, por el contrario, muy pormenorizado. El objetivo es vaciarte; con eso basta.

Para crear un cambio de consciencia con relación a tu historia, es decir, para dar un gran salto desde la atadura o codependencia con el trauma y salir del triángulo de desempoderamiento entre el autor, la víctima y el salvador, deberías escribir dos versiones.

Versión 1

Esta historia se escribe con el enfoque del arquetipo de la Serpiente. A ras de suelo, mantienes una perspectiva limitada y sensorial. Ahí reside la supervivencia: en tu reacción de lucha, huida o parálisis.

Esta es la interpretación en la que están atrapados el ego y la mente, la que genera emociones que alimentan el dolor.

Buscas a alguien que acuda a socorrerte o rescatarte, que puede manifestarse en forma de terapeuta, amante, o en la ilusión de que algún día la persona que te infligió el daño será consciente de ello, te pedirá perdón y asumirá su culpa. La salvación también puede presentarse en forma de adicción o cualquier otro hábito autodestructivo, como el hecho de dar validez a los pensamientos autocríticos.

Te encuentras en el elemento tierra, en dirección sur. El relato podría comenzar así:

- *Mi historia es de abuso narcisista, abandono, traición, etcétera.*
- *La persona o las personas que causaron mi actual sufrimiento/dolor/trauma enquistado es... o son...*
- *Cuando tenía... años, mi madre...* (Narra la vivencia).
- *Esto no debería haber ocurrido. Yo debería haber sido capaz de experimentar...* (Pon cómo desearías que las circunstancias hubieran sido en aquel entonces).
- *Me siento muy enfadada/triste/dolida/incapaz de superarlo.* (Enumera todos los aspectos en los que tu encarnación humana está atrapada).

Tienes la posibilidad de concebir otra manera de comenzar tu relato: escucha tu intuición.

Puedes señalar uno o varios episodios que fueron cruciales y que poseen una gran relevancia en tus recuerdos, o bien algo relacionado con tu madre, tu padre y tu abuela que te resulte especialmente doloroso o imperdonable y que marcara tu existencia.

No se trata de intentar averiguar o resolver nada: sencillamente, la historia de «esto no debería haber ocurrido» es a lo que la mente continúa aferrándose. Llegarás a un punto en el que la historia dejará de provocarte síntomas de trastorno de estrés postraumático.

Versión 2

A continuación, pasamos a la segunda interpretación, cuyo propósito es muy diferente.

En el mejor de los casos, al final de la primera versión la Serpiente ha mudado la piel de pronto y deja de considerarse la víctima. Se limita a superar lo vivido y romper esa atadura de la mente/el ego. Después, cuando aflora la tristeza por algo que sucedió, es posible abrazarla y observarla con compasión en vez de sumirse en un bucle épico de sufrimiento a nivel celular.

La primera versión es la misma que has vivido a lo largo de numerosas vidas y, aunque es posible que hayas aprendido muchas lecciones en el transcurso de cada una de ellas, hay un tema central recurrente: nuestra experiencia tridimensional (3D).

No podemos culpar a nadie; asumimos la responsabilidad del camino del alma y la enseñanza que eligió. Tampoco nos culpamos a nosotras mismas de nada. La vida en tres dimensiones no tiene sentido para la percepción humana de la lógica; sin embargo, el camino del alma sigue siendo aprender a través de las adversidades y la polaridad.

Fíjate en cómo los cuentos de hadas se rigen por este patrón. Siempre hay un personaje pobre y desvalido, un «lobo feroz» y un salvador. El empoderamiento brilla por su ausencia.

Personalmente, considero que cuando vivimos la experiencia de la quinta dimensión —centradas en el corazón y en la intuición—, trascendemos la necesidad de aprender de estos arquetipos en el transcurso de cada vida.

La segunda versión es el inicio de nuestra experiencia en 4D/5D.

Cabe la posibilidad de empezar a escribir la segunda versión ahora o cuando hayas leído más o menos la mitad del libro, o bien al final de este viaje.

En esta versión, tú eres la heroína de tu propia historia. Asumes la responsabilidad de tu experiencia personal. La mente y el ego no se obsesionan con lo que fue injusto o con a quién culpar. Cada cual reconoce su experiencia como la circunstancia idónea para la evolución y la alquimia del alma.

Te encuentras en el elemento del oeste. El del Jaguar. El de la Guerrera Luminosa.

Has dejado de valerte de la medicina de tu historia como escudo de protección.

He aquí algunos elementos de la segunda versión. Puedes responder a las preguntas de manera concisa o explayarte. Expresa todo cuanto has de expresar.

- ¿De dónde proceden tus antepasados? Conecta con tu cultura, con los úteros de tu linaje, etcétera.

  Nací en…, en el seno de una familia…

- ¿Cuál es tu medicina? Podría ser enseñar a otros a través de tu experiencia, la creatividad que has desarrollado y que facilita tu sanación y la de otros, cualquier cosa que puedas ofrecer fruto de tu transformación.

  Mi medicina es…

- *Pero no siempre fue así… Hubo un tiempo en el que…*
- En mi historia personal escribí: «Yo desconocía por completo mi lugar en la vida. Era huérfana, víctima de abusos sexuales, de la incomunicación…». Etcétera, etcétera. Aunque puede que al escribir esta parte revivas lo que sucedió, ten muy presente que es el valle desde el cual creciste.
- Comienza el relato. A menudo nos quedamos atrapadas en la primera frase. Te sugiero que antes realices una breve meditación para aquietar la mente y avivar la inspiración. Relájate al realizar el ejercicio y, si no se te ocurre nada, puedes reanudarlo cuando sientas el deseo de escribir.

Mi historia narra…

Ejemplo: *Mi historia narra la evolución de mi alma. Es el camino que elegí para refinar la potente medicina que poseo para el mundo. Siento muchísimo amor y compasión por mi valentía al vivir numerosas vidas. Ahora sé que, con el fin de convertirme en maestra, he tenido que ser alumna y aceptar mi historia como una Guerrera Iluminada.*

Puedes expresarlo del modo que desees o desarrollarlo más.

Ejemplo: *Siento la llamada para compartir mi medicina de una forma humilde y poderosa porque entiendo el sufrimiento de mis numerosas almas y soy capaz de brindarles amor incondicional. Estoy empoderada en el camino que he elegido. Entiendo que mi herida no es algo que me sucediera a mí, sino algo que tenía que suceder a través de mí.* (Fíjate en cómo la última frase muestra la transformación de víctima a heroína de tu historia personal).

Sigue avanzando: responde a esto en tu diario

- ¿Quién serías sin esta herida?
- ¿Imaginas otra vida en la que tu herida ya no influya en tu estado de ánimo, en tus emociones, en tu cuerpo o en tu consciencia espiritual? Plantéate estas preguntas y apunta cualquier reflexión en el diario.
- ¿Estás sopesando la idea de compartir tu historia?

- En caso afirmativo, ¿será la primera vez que la cuentes?
- ¿Con quién la compartirás?
- ¿Qué sientes al dar alas a tu historia?
- ¿La estás narrando de manera diferente a como lo hiciste o lo habrías hecho anteriormente?

Autocuidado

- Como ocurre con cualquier otro proceso de limpieza, es posible que sanar el trauma provoque síntomas de desintoxicación, señal de que estás empezando a mudar la antigua piel.
- Bebe abundante agua (para ayudar a que todo fluya), descansa (a lo mejor te encuentras más fatigada de lo habitual), no reprimas las lágrimas (honra las emociones) y nutre tu cuerpo con alimentos frescos y revitalizantes.

NOVENTA Y SIETE

por Tanya Markul

Cuando fui consciente de que el origen de mi sufrimiento era el deseo de gustar, empecé a quererme a mí misma.

Cuando fui consciente de que el origen de mi sufrimiento era el deseo de ser reconocida, empecé a verme como la mujer que realmente era.

Cuando fui consciente de que el origen de mi sufrimiento era la esperanza de ser alguien especial, me comprometí a explorar las profundidades de mi normalidad.

Cuando fui consciente de que el origen de mi sufrimiento era el deseo de recibir muestras de afecto físico, me permití sentir las sensaciones de mi cuerpo.

Cuando fui consciente de que el origen de mi sufrimiento era el anhelo de pertenencia, di los primeros pasos para nutrir mi verdadera esencia.

Cuando fui consciente de que el origen de mi sufrimiento eran los actos de otros, empecé a asumir la responsabilidad de mi propia historia.

Cuando fui consciente de que el origen de mi sufrimiento era perseguir a quienes no me querían, me liberé.

TANYA MARKUL, *The She Book*

La herida materna es la puerta para encontrar tu propósito, creatividad, compasión y amor por los demás. Tu historia no es la verdadera historia. La verdadera historia es tu evolución.

*Quien conoce a los demás es sabio. Quien se
conoce a sí mismo está iluminado.*

LAO TSE

Conocerse a uno mismo es el principio de la sabiduría.

SÓCRATES

CAPÍTULO 4

Conócete

Me siento segura de mi plenitud y de ocupar todo el espacio que necesito en el mundo. Me siento segura para emprender el camino deseado que visualicé y para el que me preparé antes de mi encarnación. El conjunto del universo, mis guías y mis ancestros me brindan apoyo en mi viaje. Encarno mi propósito.

DESCUBRE EL MISTERIO DE TU ESENCIA CÓSMICA

La numerología y la astrología son poderosas herramientas que pueden guiarte en tu viaje de autodescubrimiento.

El mundo terrenal nos proporciona infinidad de señales y sistemas que pueden considerarse puertas al mundo interior.

Dado que somos seres estelares y embajadoras de otros sistemas planetarios en este mundo, podemos guiarnos por el propio misterio que nos da forma.

Cuanto mejor entendamos la magia de nuestra encarnación —qué planetas, lunas y energías influyen en nuestra personalidad y en los designios de nuestra alma—, más podremos crecer en nuestro viaje sagrado. Partiendo de esa base, seremos capaces de alcanzar la gracia, perdonarnos a nosotras mismas y cultivar la empatía necesaria para materializarnos y habitar nuestra dimensión humana y espiritual con plenitud.

Asimismo, seremos capaces de entender el arquetipo de la Madre y el rol que ha desempeñado en nuestra vida. Encontraremos respuestas a los interrogantes de nuestro pasado y nuestro presente. Al entender nuestra esencia, experimentamos una gran liberación, una gran potestad sobre nuestros patrones y expectativas.

El objetivo no es cambiar, sino reconciliarnos con nosotras mismas y querernos. Desde este enfoque, es posible contemplar nuevas perspectivas de crecimiento.

En mi libro *Soul Mission Workbook* [Manual de la misión del alma], disponible a través de mi página web (monikacarless.com), explico cómo diseñar el deseo del alma para esta encarnación en particular.

Si trabajas con herramientas de astrología, asegúrate de encontrar tu nodo norte, tu nodo sur y la información y posición de la Luna y Quirón en tu carta astral. Por lo general, estas ubicaciones proporcionan una gran percepción de las heridas profundas —como la materna— y su origen, además de ayudar a entender el camino que el alma está emprendiendo. *Astrology for the Soul* [Astrología para el alma], de Jan Spiller, es un excelente libro que versa sobre el nodo norte.

- **Nodo norte:** lo desconocido. La plenitud del alma, donde alcanzamos la frecuencia vibratoria más elevada, la de nuestro yo superior. Indica nuestro propósito en esta vida. Es el punto donde, guiadas por la luz de la consciencia, nos adentramos en lo desconocido.
- **Nodo sur:** lo conocido. Los asuntos pendientes de resolver, el fin de la antigua identidad. Nos muestra dónde es posible que estemos atrapadas en viejos hábitos que nos resultan familiares y cómodos, que

fueron útiles anteriormente pero que han dejado de serlo, la carga del pasado y de la vida presente.

- **La Luna:** aspecto de la Madre. En qué medida la posición de la Luna en nuestra carta astral influye en nuestras emociones y en nuestros recuerdos de la infancia. La Madre representa el amor, la fertilidad, el alimento, la responsabilidad, la paciencia, el poder y el autocuidado. Te invita a compartir tu maestría personal y a recibir amor.
- **Quirón:** su posición muestra las heridas de la infancia y la sanación que pueden propiciar.

Si estás trazando tu propia carta astral *online*, usa una web de astrología acreditada. Es un magnífico punto de partida hasta que encuentres a un astrólogo o astróloga cuyo trabajo y filosofía se encuentren en sintonía contigo.

- Expresa en tu diario cualquier aspecto de tu ser que hayas descubierto recientemente a través de la astrología. Siente curiosidad por lo que te hace única.
- Jamás existirá otro ser humano con tus características astrológicas, es decir, nadie más puede aportar a este planeta lo que tú aportas. Eres fruto del misterio, y los planetas lo revelan todo.

LOS TRÁNSITOS

En el trabajo de Barbara Hand Clow encontramos otro elemento importante para conocernos a nosotras mismas. Barbara establece cuatro tránsitos especialmente importantes en la vida que ofrecen una extraordinaria claridad en la evolución de la consciencia durante nuestra encarnación humana. Los rigen Saturno, Quirón y Urano.

Antiguamente, las sociedades chamánicas reconocían y celebraban ritos de tránsito en el seno de la tribu. Hemos desechado la mayoría de los rituales de iniciación a las diferentes etapas de la vida, y se ha perdido el carácter sagrado que entraña el reconocimiento de las diversas fases por las que un ser humano puede pasar.

Al mismo tiempo, hemos perdido el contacto y olvidado, o incluso hemos sido totalmente ajenos, al conocimiento de tránsitos astrológicos fundamentales a través de la carta natal, los cuales influyen enormemente en la elevación de nuestra consciencia.

Barbara Hand Clow define estos tránsitos y explica en qué medida nos afectan y cómo podemos aprovecharlos para evolucionar a nivel humano y espiritual.

Saber en qué etapa te encuentras o a cuál te aproximas te permite realizar un tránsito consciente, que puede ser la diferencia entre la vida y la muerte en el sentido literal o metafórico. Aunque ofrezco más información en mi libro *Soul Mission Workbook* (monikacarless.com/shop), resumo aquí los puntos principales:

- **Desde el nacimiento hasta los 30 años (primer retorno de Saturno).** En esta etapa se forma el «Yo soy» en el plano físico. Saturno pregunta: «¿Vida o muerte? ¿Qué haremos con nuestras vidas? ¿En quiénes nos convertiremos al madurar?». El arquetipo es la Doncella.
- **De los 30 a los 42 años (oposición de Urano).** En este periodo se madura a nivel emocional. Guarda relación con la crisis de la madurez, el despertar de la *kundalini*, la integración de la polaridad y el empoderamiento. El arquetipo de este tránsito es la Madre.
- **De los 42 a los 50 años (retorno de Quirón).** En esta etapa se experimenta el desarrollo de la mente y el equilibrio personal. A los cincuenta se produce un despertar espiritual y alcanzamos la plenitud. El arquetipo es Quirón, el Sanador Herido.
- **De los 58 a los 60 años (segundo retorno de Saturno).** En esta fase se alcanza la sabiduría. Brinda otra oportunidad para alcanzar la consecución del propósito y se retoma la temática de Eros y la muerte. El arquetipo para este tránsito es la Bruja.

Para conocer otros tránsitos importantes y más detalles acerca de cada periodo de la vida, recomiendo el libro *Astrology and the Rising of Kundalini* [Astrología y el despertar de la *kundalini*], de Barbara Hand Clow.

TRAZA TU RUMBO

Nos encontramos una y otra vez con mil disfraces en el camino de la vida.

CARL JUNG

Existen multitud de caminos que se pueden tomar, multitud de maneras de encontrar la expresión creativa del yo; todos son igual de válidos. Cualquier rumbo que se emprenda proporciona alguna forma de autodescubrimiento.

Según la numerología, el pitagorismo místico/filosófico y la geometría sagrada, estamos concebidos de manera innata con determinados atributos, para albergar ciertos anhelos y emprender ciertos viajes.

Por tanto, el universo se descubre a sí mismo y crea a través de nuestras vivencias. Y, por tanto, descubrimos el universo en nuestro interior.

Conocer nuestra senda vital, nuestro anhelo espiritual, los números de nuestro destino y sus significados puede contribuir a desvelar el misterio del porqué estamos aquí. Tienes la posibilidad de usar calculadoras *online* para averiguar estos números, o bien descifrarlos por tu cuenta, y después buscar los significados.

Para realizar un estudio más exhaustivo de tu número de vida, así como de la numerología de tus familiares y amigos, te recomiendo el libro *The Life You Were Born to Live* [La vida que naciste para vivir], de Dan Millman. Otra opción es consultar a especialistas en numerología o las interpretaciones y los libros especializados que hay en Internet.

> *Lo que hay delante de nosotros y lo que hay detrás son cosas insignificantes en comparación con lo que llevamos dentro. Y cuando sacamos lo que llevamos dentro, se producen milagros.*

HENRY DAVID THOREAU

Calcula tu número de nacimiento

Empieza por tu fecha de nacimiento: día/mes/año.

Ejemplo: 4/11/1972

A continuación, suma cada número del día, mes y año, y reduce la cifra a un solo dígito.

Ejemplo: $4+1+1+1+9+7+2=25=2+5=7$

Camino de vida: 7

Según este cálculo, el número que traza el camino de tu vida sería el 25/7. Esto sería en caso de que utilices como guía el libro de Dan Millman, pero cualquier aplicación de numerología también puede servirte.

CONOCE A TU MADRE

Indagar en la fecha de nacimiento de tu madre, en su signo solar y en su número de vida es un recurso que quizá ya hayas utilizado o que podría resultarte útil.

Del mismo modo que conocerse a una misma conduce a la verdadera materialización de nuestro ser, el hecho de conocer a la mujer de cuyo útero nacimos contribuye a propiciar un mayor entendimiento de nosotras mismas (de dónde procedemos), el amor hacia nosotras mismas (lo que ocurrió tiene multitud de raíces) y la erradicación de la ira, el rencor y el sentimiento de culpabilidad.

Puede conducir al diálogo compasivo, incluso al perdón.

Como mínimo, arrojará luz sobre el camino que tienes por delante y, en última instancia, te liberará.

Toma conciencia del viaje de tu progenitora.

Abórdalo poco a poco. La mente quiere aferrarse al dolor, porque, como he comentado anteriormente, el ego se resiste a la transformación. Sin embargo, al contemplar su viaje con intención y compasión, podrás ver a tu madre con más claridad.

EMPRENDE UN NUEVO RUMBO

Al trazar un nuevo rumbo, reúnes toda la información que has recabado acerca de ti. Desde este punto de vista, adquieres una nueva percepción de ti misma sobre cómo entiendes ahora a tu madre. Emprendes tu verdadero viaje y proporcionas a tu progenitora espacio para el suyo. Ahora puedes identificar qué tránsito astrológico estás viviendo. Puedes, por ejemplo, recordar acontecimientos importantes que ocurrieron en diferentes etapas de tu vida con relación a esos tránsitos y qué números influyeron en tu encarnación actual.

- ¿Qué has descubierto acerca de ti misma a través de tu carta natal que contribuya a entender tus decisiones, pensamientos e inclinaciones? A lo mejor has recibido una lectura de tu carta natal anteriormente. ¿Esta nueva interpretación te proporciona otra percepción?
- ¿Te motiva esto a ser más compasiva contigo misma y a observar tu viaje con mayor introspección? ¿Cómo?
- ¿En qué medida el hecho de conocer el número de vida de tu madre te permite entenderla mejor como mujer que realiza su propio periplo y cómo

es este en comparación con el tuyo? ¿Adquieren ahora más sentido sus decisiones?

- Toma conciencia de tu cuerpo y reconoce qué sensación te ha producido indagar en la influencia que ejerce su número de vida. ¿Qué ha aflorado, comprensión o juicio? (No juzgues la reacción, observa sin más).

- Profundiza en la numerología y la astrología, por ejemplo creando un colorido panel donde aparezcas representada por tu signo solar y las posiciones de los planetas. También puedes representar tu número personal por medio de símbolos, como cartas del tarot o runas que se correspondan con él, o incluso poner solo el número en el panel, al que le aportará su vibración. Incluye un poema o pensamiento que hayas escrito para ti.

- ¿Deseas incluir a tu madre y su influjo en este proyecto artístico o prefieres realizar el viaje en solitario? ¿Intuyes a dónde te conducirá? Déjate guiar por tu intuición para determinar quién debe ocupar este espacio.

CAPÍTULO 5

El arquetipo de la Madre

Estoy empoderada.
No soy víctima de las circunstancias.
Reivindico mi soberanía y mi poder.
Reivindico mi voz y mis decisiones.
Asumo la responsabilidad personal de las decisiones que tomo.

La madre de nacimiento siempre es la
Madre Muerte, y viceversa.

CLARISSA PINKOLA ESTÉS

LA GRAN MADRE

*El arquetipo de la Madre es una forma de pensamiento
compleja y profundamente mística.*

CARL JUNG

Carl Jung consideraba que el arquetipo de la Madre era
el más importante de todos porque parecía englobar al
resto.

Los arquetipos se definen como formas de pensamiento o imágenes mentales universales que influyen en
los sentimientos y actos de un individuo.

Nos familiarizamos con los arquetipos a muy temprana edad, a través de cuentos de hadas, mitos, creencias religiosas, sueños e historias del acervo popular.
Presentes en el inconsciente colectivo, los arquetipos
nos ayudan a entender el mundo exterior, los misterios
del cosmos y de la naturaleza, los cuales, paradójicamente, contribuyen a la comprensión de nuestro mundo interior. Para lograr la plena autorrealización del ser
y nuestro propósito personal en la Tierra, hemos de
trascender el yo e indagar en la sabiduría colectiva. Los
arquetipos nos ayudan a entender la consciencia y la
psique del ser humano.

Nacimos del útero, un espacio oscuro y primordial dentro del cual se manifiesta toda creación, en el sentido literal y metafórico. Es el océano a partir del cual se gestó toda clase de vida. Es el vacío desde donde se expandió el universo. Es reconfortante, cálido, revitalizador, seguro y oscuro.

Es en la oscuridad donde tomamos forma y a través de la oscuridad como nos *transformamos*. Es el útero materno. Como especie, estamos conectados a la Madre.

Por medio de la religión, conocemos a la Santa Madre, a la madre bondadosa, a la madre absolutamente perfecta. A través de los cuentos de hadas, conocemos a la madre malvada, a la madrastra, a la madre incompetente y, a veces, a la madre bondadosa, pero al parecer esta siempre muere de forma prematura y nos deja solas para aprender la dura realidad de la vida. (En ocasiones el hada madrina asume su rol; otras, una figura masculina nos rescata de la madre malvada).

En la consciencia colectiva, abrigamos grandes expectativas en la Madre y en lo divino masculino, que forma una base de codependencia.

Lo cierto es que nuestra progenitora no suele cumplir nuestras expectativas. Es posible que la confundamos con el arquetipo ideal. Ella es un reflejo de la Gran Madre y, para comprenderla, hemos de entender a la Gran Madre y su herida.

LA MADRE COMO MISTERIO

La Diosa adopta infinidad de formas.

Se manifiesta en la Gran Madre (la creadora), en Gaia (la Madre Naturaleza) y en la energía y expresión de lo divino femenino (presente en todo género). Desde el plano espiritual, se materializa en el mundo terrenal a través de la mujer (que se convierte en madre y es, a su vez, hija).

El misterio de la triple diosa —Doncella, Madre y Bruja— se refleja en las fases de la luna y en los ciclos de nacimiento, vida, muerte y reencarnación.

La mujer constituye la representación física y misteriosa de la Gran Madre, lo divino femenino y la triple diosa.

Al igual que la naturaleza, es capaz de crear, sostener *y* destruir. Unas veces es la lluvia suave; otras, el monzón. Unas veces es el río sereno; otras, el tsunami. Unas veces es la luz del sol; otras, la tormenta. Se encuentra en constante evolución y, en ocasiones, es el terremoto.

Nos proporciona un pilar y luego exige que nos lo busquemos nosotras mismas. Cuando consideramos a la Madre como un espejo de la naturaleza, y viceversa, entendemos que no siempre es la *madre protectora*.

La madre protectora estaría dispuesta a todo por nosotras y, por consiguiente, nos impide desplegar las alas. Si viviéramos con una madre *demasiado protectora*, la vida sería muy unidimensional y nunca aprenderíamos a reconocer el peligro. Confiaríamos en cualquier extraño que se cruzara en nuestro camino, porque la madre protectora no nos enseña a confiar en la intuición.

Muchas hijas sienten que durante toda su vida han intentado *sobrevivir* a sus madres.

Y si profundizamos aún más, el origen del conflicto es con la Gran Madre, la Diosa, la propia naturaleza, pues a lo largo de los siglos el instinto de supervivencia nos ha hecho sentirnos desamparadas por la Diosa y la Madre Tierra debido a la gran cantidad de desastres naturales, hambrunas y cambios que ha experimentado en su cuerpo.

Por desgracia, la Gran Madre también sufre la herida colectiva del impacto del ser humano en la tierra y los océanos. Cada acto de ecocidio perpetrado contra la Gran Madre se manifiesta en la mujer. Cada acto de violencia cometido contra las mujeres desde el principio de los tiempos está presente en la memoria celular y en el ADN femenino. Nuestro sufrimiento y nuestra sanación se encuentran ligados.

Aunque la sanación de la herida materna es algo profundamente personal, cimenta una comunidad más fuerte a nivel mundial.

La Gran Madre, lo divino femenino y la mujer, en perpetuo conflicto con el lado oscuro de lo divino masculino (el patriarcado), no ha tenido más remedio que renunciar a su naturaleza innata con tal de sobrevivir.

- Ha rechazado su instinto e intuición.
- Ha ocultado y negado su sabiduría.
- Se ha abandonado a ella misma y a sus sueños.
- Puede que no encaje en el rol que la sociedad impone a la madre y a lo divino femenino.
- No ha mirado por ella o ha sido incapaz de nutrir a su vulnerable niña interior.
- Ha sucumbido a la rabia ante su incapacidad para reivindicar su soberanía.
- Se la ha tachado de histérica, inestable, indigna de confianza, loca, demasiado emocional, intensa, poca cosa.
- Ha sufrido interferencias médicas en sus ciclos y en su proceso de gestación, ha sido sometida a operaciones y ha recibido tratamientos hormonales innecesarios con el fin de mantener a raya su naturaleza salvaje.
- Se la ha aleccionado para que mida sus palabras.
- Se la ha violado, quemado y ahogado. Sus lagos, ríos, océanos, bosques y campos de cultivo han sido destruidos sistemáticamente.
- Ha proyectado su infelicidad y su falta de propósito en su reflejo, su hija. La naturaleza, lo divino

femenino y el conjunto de las mujeres se han convertido en «recursos» que hay que explotar.

Esta negación de una misma genera sufrimiento y rabia. La rabia provoca incendios forestales y tsunamis. La rabia crea madres incapaces de soportar la vida que trajeron al mundo. El sufrimiento arrasa con todo a su paso.

En algún punto a lo largo del camino, a menudo a muy temprana edad, empezamos a absorber el dolor de nuestra progenitora. Lo asumimos como propio. Desconfiamos de nuestra intuición. Ponemos en duda nuestra sabiduría. Atraemos a parejas que reflejan nuestra falta de amor propio. No confiamos en nuestras emociones. Y el ciclo continúa.

El empoderamiento reside en la toma de conciencia de que nuestra felicidad no es responsabilidad de nuestra madre. Es posible que el origen de nuestra infelicidad sea la relación con ella, pero es responsabilidad nuestra. Desde esa nueva perspectiva, liberadas de la atadura que nos había esclavizado, podemos ser dueñas de nuestro resurgir.

¿QUÉ ES LA MADRE?

El camino a la restitución

La Madre es todo, del mismo modo que la Gran Madre es todo.

Es la mujer amorosa que nutre, la hechicera, la reina amable y sabia, y la princesa inocente. Es la luna que ilumina nuestro camino.

Es la bruja, la hechicera oscura, la reina colérica y celosa, y la fuerza destructiva de la naturaleza. Es Kali, el fuego arrasador.

En cuanto percibimos a la Madre en todas sus versiones, somos capaces de sentir compasión por la mujer que, a través de su encarnación en lo divino femenino, refleja la complejidad de la Diosa.

En cuanto desechamos la fantasía de la «buena madre», somos capaces de aceptar las luces y sombras que coexisten en nuestro interior y más allá, en el interior de nuestra progenitora.

La destrucción de la mujer como sanadora, creadora, hechicera, sabia, alquimista y generadora de consciencia ha provocado la desconexión de nuestra identidad y de nuestro propósito.

Es nuestra labor renacer y revivir en nuestro interior mediante la sanación de la herida materna.

LA INVITACIÓN

Te animo a reconocer en tu madre las cualidades de estos arquetipos:

- Diosa
- Mujer Sabia
- Sanadora
- Creadora

Cuando aceptas a alguien sin juzgar, le permites expresar su alegría, su tristeza, sus éxitos, sus fracasos, sus luces y sus sombras. Honras su existencia de la misma manera que tú anhelas ser honrada.

- En estado meditativo o reflexivo, visualiza una imagen arquetípica de la Mujer. Observa cómo ha sido ignorada y desoída a lo largo de milenios. Te inspira una compasión innata porque tú eres ella y viceversa. Apoyarla es apoyarte a ti misma. Ha llegado el momento de que el conjunto de las mujeres del mundo se una y reivindique la magia de su poder.
- Ahora imagina a tu madre fundiéndose con la Mujer: su rostro es el rostro del colectivo de las mujeres. Ella personifica toda la sanación que ha de experimentar el arquetipo de la Mujer. Reconoce a

tu madre. Si puedes visualizarlo, mírala a los ojos. Observa a la mujer, la esencia de lo divino femenino, la Gran Madre y la Diosa.

- Al hacerlo, también estás vislumbrando tu propia consciencia y humanidad. Obsérvate a ti misma como representación de lo divino femenino, la Gran Madre y la Diosa.

RITUAL CHAMÁNICO

La Madre como avatar de la mujer

Con este espíritu de confraternización en el espacio meditativo, invita al arquetipo de la Madre, en representación de tu progenitora, a un círculo de sanación virtual.

En principio esta práctica de corporeización se realiza en el plano espiritual, pero, si sientes la llamada del corazón para crear un círculo de sanación en el plano físico, no dudes en invitar a tu madre a participar en él.

Reúne algunas de las siguientes cosas o todas ellas: música para danzas circulares/meditación, un tambor, una pandereta, una maraca o cualquier otro instrumento de tu elección, y tu diario. Siéntate junto a tu altar.

- Enciende las velas del altar, ponte cómoda y déjate llevar por la música que has elegido.
- Cierra los ojos e imagina que os observáis mutuamente a través de tu tercer ojo. Visualiza el viaje de la Mujer a lo largo de los tiempos, todo lo que ha padecido y superado. Bendícela y dale las gracias por su fortaleza y su entereza, sus lágrimas y su sabiduría.

- Imagina que estás realizando una ofrenda a la Mujer. Regálale una concha o una pluma de cuervo; cualquier cosa que se te ocurra. También puedes poner algún objeto en el altar a modo de presente.
- Acepta cualquier regalo que pueda tener para ti. Reconoce que ella es otra versión de ti y tú otra versión de ella.
- A continuación, cuando os unáis en una danza circular sagrada, comenzarán a aparecer otras mujeres, mujeres procedentes de numerosas vidas, de tu linaje ancestral y de todas las tribus. Empezaréis a bailar juntas y a tocar vuestros instrumentos. Tú les brindas alegría y apoyo. Visualizarás cómo tu madre se funde con el conjunto de las mujeres que integran el círculo. Las mujeres a las que estáis empezando a recordar son ella y tú.
- Recita estas palabras:

    Sabia, sanadora, amante, madre, hermana, hija, creadora, tía, niña interior, bruja, luna, Kali, lo divino femenino, diosa.

    Esto es el despertar.

- Baila tanto como desees y conecta por medio de tu imaginación con todas las mujeres a las que has invitado al círculo. A tu propio ritmo, responde las siguientes preguntas en tu diario:

    ¿Quién acude?

¿Quién toma asiento apartada, temerosa de participar?

¿Quién se conmueve?

¿Quién se ablanda?

¿Qué regalos se comparten?

¿Quién se endurece?

¿Quién se marcha?

- Termina el baile estrechando la mano a todas las participantes, tanto a las presentes como a las imaginadas, comenzando y finalizando contigo. Cada apretón de manos se acompaña con el mantra:

Te acepto tal y como eres. Te quiero tal y como eres.

Ten presente que al pronunciar estas palabras también las diriges a ti misma.
- Libera a la Mujer/tu madre y a todas las integrantes del círculo en el mundo espiritual.
- Si es posible, termina la meditación en la postura yóguica del niño. Es perfecta para entregarte al viaje que estás realizando; es una posición para aquietar la mente. Al estirar la espalda, el líquido espinal, o energía *kundalini*, asciende desde la base de la columna vertebral al cerebro; también se estiran las caderas, donde se acumulan las emociones y los traumas. La postura del niño simboliza el estado de paz en el ahora.

RECONOCER A LA MADRE EN SUS NUMEROSAS FORMAS

He aquí un resumen de mi curso sobre el misterio de la Mujer Sabia:

La Madre es el origen

Indagar en el arquetipo de la Madre supone encontrar el camino de vuelta a nuestro origen, a antes de nuestra encarnación, al lugar de donde procede el alma (nuestro yo espiritual), y también es honrar nuestro yo humano.

Hay ocasiones en las que nos sentimos perdidas, desorientadas y con un anhelo indefinido: lo que buscamos es plenitud.

En la vida cotidiana, vamos perdiendo partes de nosotras mismas en multitud de direcciones diferentes. El arquetipo de la Madre puede ayudarnos a recomponernos.

- En un día soleado, busca un lugar en la naturaleza donde te sientas amparada y segura.
- Llévate una manta, comida que te resulte especialmente reconfortante, un termo de té o café, tu diario y algunos objetos mágicos de tu altar, además de una ofrenda para la Madre Tierra.
- Tómate un momento para sentarte y acomodarte, presta atención a la belleza que te rodea y transmite

tu gratitud por el entorno y por ser capaz de dedicarte este tiempo.

- Túmbate en el suelo. Siente la tierra debajo de ti, su apoyo y su amor. Húndete en ella e imagina cómo crecen tus raíces.
- Ahora visualiza las partes de ti que has perdido a causa del enfado, la ira, el miedo y las circunstancias.
- Imagina que una madre compasiva y amorosa te ayuda a recogerlas y te las entrega. Visualiza cómo posa las manos sobre tu corazón mientras te recompones a través de la respiración. Tómate tu tiempo en este rincón mágico.
- Siente la generosidad y la plenitud que te proporciona. Permítete recibir e integrar. Permanece ahí durante un rato.
- Abre los ojos cuando te sientas plena.
- Mira a tu alrededor. ¿Parece diferente el mundo? ¿Cómo te sientes? Disfruta de tu pícnic. Al marcharte, deja tu ofrenda a la Madre Tierra en algún sitio donde pase inadvertida.

Meditación para la abundancia/reciprocidad

- Extiende los brazos de par en par, endereza la columna y respira hondo.
- Tómate unos instantes para *sentirte* las manos, toma conciencia de ellas como parte de ti.

- Visualiza cómo el corazón se te abre por completo durante unos instantes. Siéntelo.
- Recibe la energía de la abundancia a través de la palma de la mano izquierda. Deja que fluya por el brazo hasta el corazón.
- Sin prisa, permite que tu corazón se colme de gratitud. Imbúyete de abundancia.
- Continúa visualizando cómo la energía desciende por el brazo derecho hasta la palma de la mano.
- Junta las manos sobre el centro del pecho e impulsa la energía hacia la palma de la mano izquierda de nuevo.
- Repite esta meditación cuantas veces desees.

Buscar un regalo para la Madre

¿Con qué madre te gustaría compartir un regalo? Elige entre la Madre Naturaleza, tu progenitora o una figura materna. El círculo se cierra con un regalo para ti, pues validas tu rol como representación de la Gran Madre.

Disfruta del regalo. Podría ser un detalle, como un cristal, una piedra o una pluma, o bien algo más significativo, por ejemplo plantar un árbol, crear una obra artesanal con elementos de la naturaleza, escribir una canción, etcétera.

Continúa con tu práctica de movimiento. ¿Notas cómo fluye una nueva energía como resultado de la práctica?

*La corporeización es la peregrinación
de una mujer a su hogar.*

ARQUETIPO DE LA MADRE Y PATRIARCADO

El hombre civilizado dice: «Soy el Yo, soy el Maestro, todo lo demás es otro: fuera, abajo, debajo, subordinado. Poseo, utilizo, exploro, exploto, controlo. Lo que hago es lo que importa. Lo que quiero es lo que importa. Soy lo que soy; el resto son mujeres y naturaleza salvaje para usarlas como me plazca».

URSULA K. LE GUIN

La crisis a la que se enfrentan los hombres no es la crisis de la masculinidad; es la crisis de la masculinidad patriarcal. Hasta que aclaremos esta distinción, los hombres seguirán temiendo que cualquier crítica al patriarcado suponga una amenaza.

BELL HOOKS

Al compartir estas dos citas, mi intención es poner de manifiesto que el lado oscuro de lo divino masculino es lo que ha contribuido desde tiempos inmemoriales a impedir la soberanía y el bienestar del conjunto de las mujeres y de Gaia, y la veneración a la Gran Madre, representadas por el arquetipo de la Madre.

Para que la energía del patriarcado cale en una persona con identidad masculina (o, igualmente, en una persona con identidad femenina), previamente ha de traicionar su origen como manifestación del amor.

Desde el principio de los tiempos, la mujer ha sido artífice de la magia y la sanación, ha mantenido su espacio y cultivado su intuición valiéndose de lo que la Gran Madre ofrece en la naturaleza: ramas, piedras y la alquimia de su amor.

Su sabiduría se ha visto constreñida debido a la tergiversación y la disonancia del patriarcado y ahora persigue nuevos horizontes, alzar su voz, renacer y despertar.

La sanación de la herida materna proporciona nuevos paradigmas y reestructura nuestro ADN y el de la consciencia universal.

Asimismo, supone un desafío a los fundamentos del patriarcado. Sí: nosotras, a título individual, podemos generar cambios decisivos en el tejido evolutivo de la sociedad analizando la influencia del sistema patriarcal en el linaje femenino.

El papel del patriarcado en el arquetipo de la Madre

La socióloga Sylvia Walby describe el *patriarcado* como «un sistema de estructuras y prácticas sociales mediante las cuales los hombres dominan, oprimen y explotan a las mujeres».

Tanto los hombres como las mujeres han perpetuado el patriarcado a través de multitud de sistemas e instituciones sociales —de carácter religioso, educativo, etcétera— desarrollados a lo largo del tiempo.

El arquetipo de la Madre, que experimenta cambios según la energía de la era en la que nos encontremos (en la actualidad se está produciendo la transición de la Era de Piscis a la de Acuario), es consciente de que es posible transformar el sistema masculino de sometimiento de la mujer y el planeta en uno sano.

La Era de Piscis, que se extiende desde el año 1 al 2000 d. C., se representa con el chakra del plexo solar: poder, ego, control y jerarquía.

La Era de Acuario, desde el año 2000 al 4000 d. C., se simboliza con el chakra del corazón: amor, servicio, armonía, libertad e igualdad.

La primera trajo consigo multitud de aspectos positivos, como el desarrollo de las habilidades artísticas y la espiritualidad (coincide con la era de Cristo y guarda una estrecha relación con el elemento agua), así como avances tecnológicos; no obstante, la mayor parte fue liderada y documentada desde la perspectiva masculina.

Como la influencia de la Era de Acuario comenzó a ponerse de manifiesto hace varios siglos, propició un equilibrio con respecto a la energía masculina predominante en el planeta e impulsó el crecimiento de movimientos más benévolos e inclusivos.

- *Cualidades de la energía masculina*: expresividad, resolución, concreción, asertividad.

- *Cualidades de la energía femenina*: intuición, abstracción, serenidad, receptividad.

Cuando se encuentran en equilibrio, impulsan la evolución de la sociedad hacia valores articulados desde el corazón.

La conjunción de lo divino femenino, la Gran Madre, Gaia y la Mujer se produce al recibir la llamada del servicio a la humanidad.

El trabajo de sanación de la herida materna es el trabajo de infinidad de corazones unidos para transitar a la Era de Acuario.

Sanamos para vivir desde el corazón con el fin de que toda la sociedad pueda hacerlo de igual manera.

Nota: Cualquier persona, con independencia de su género, puede encarnar los valores del patriarcado. Este no solo se articula a través de lo manifiestamente masculino, puesto que la energía masculina, al igual que la femenina, forma una parte consustancial de todo ser. Para desmantelar los valores del sistema patriarcal hemos de estar dispuestas a analizar dónde residen en nuestro interior y a desterrar las sombras de la opresión y la sumisión.

El sueño de una nueva era: cómo el patriarcado ha influido en tu historia

Lo masculino, inmaduro y desconectado de su vulnerabilidad, incapaz de expresar sus emociones, carente del apoyo materno en su desarrollo emocional y educado en los valores de una sociedad y un padre misóginos, arremete contra todo aquello que representa la femineidad: la intuición y lo que considera el caos de las emociones femeninas.

Intimidado por la capacidad de la mujer para engendrar al conjunto de la humanidad y dar forma humana al espíritu con la magia de su sangre y su útero, el padre intenta conectar con la alquimia de la sangre, pero solo es capaz de hacerlo derramándola en guerras y agresiones. Alimenta su falso poder por medio de la violencia, la opresión y la dominación. Ajeno a la responsabilidad de sus actos, no muestra arrepentimiento y desconoce su privilegio.

En su relación primaria con la Madre, continúa siendo un niño que busca el amparo inmediato de lo que ella representa (esto incluye el conjunto de la naturaleza, el planeta y sus recursos) y, al mismo tiempo, muestra una gran falta de respeto hacia los dones de esta, lo cual expresa a través de sus relaciones de pareja y paternofiliales, y con su entorno.

Los hombres que viven desde el corazón crean el patrón para aquellos que son incapaces de mostrar su vulnerabilidad y su compasión debido a sus condicionamientos.

Las mujeres que cuentan con el respaldo de sus parejas en la crianza de los hijos para que estos expresen su vulnerabilidad y su compasión crean un nuevo patrón amoroso para el hombre de la Era de Acuario.

De este modo, el hombre de la Era de Acuario logra apoyar lo divino femenino, representado en el rol de madre/hija. Así, el arquetipo de la Madre evoluciona hacia la quinta dimensión de la consciencia.

Las integrantes de tu linaje materno, anclado desde hace siglos en la filosofía prevalente de la Era de Piscis, en ocasiones han fomentado, sea deliberadamente o en contra de su voluntad, la misoginia, el patriarcado y sus repercusiones en tu vida. Así lo escribió Lucy H. Pearce en su libro *Burning Woman* [Mujer en llamas]:

> Como mujeres en llamas, es probable que nuestro linaje materno se remonte a infinidad de mujeres que sofocaron su fuego, que fueron quemadas por otros cuyo fuego arrasó con ellas, sus familias y sus matrimonios. Somos descendientes de las abuelas y madres que manejaron el fuego a su manera, intentando sobrevivir.

Indagar en el patriarcado de tu linaje materno

- ¿En qué aspectos de tu vida percibes el influjo que han ejercido el patriarcado y la misoginia? ¿Ha creado eso una desconexión en el seno de tu relación maternofilial directa o indirectamente?

- ¿Eres consciente de cómo tu madre o tu abuela adoptaron la filosofía y los comportamientos propios del patriarcado en el ámbito familiar, por ejemplo sometiéndose a la voluntad de la inmadurez masculina en su forma de pensar y en sus actos en vez de abrazar lo femenino? ¿En qué medida influyó esto en tu crianza?

- ¿Crees que eran conscientes de este condicionamiento en sus vidas y que tenían el discernimiento suficiente para reflexionar acerca de ello o que, por el contrario, actuaron movidas por el mero instinto de supervivencia femenina en el seno de una sociedad patriarcal?

- Como mujeres que seguramente fueron ignoradas y desoídas, ¿transmitieron su frustración y su rabia a la siguiente generación? ¿En qué sentido lo percibes en tu propia historia?

- ¿Puedes poner uno o varios ejemplos de cómo has perpetuado este ciclo o de qué manera le has puesto fin?

- ¿Qué iniciativas puedes tomar en tu propia vida y en la de tu familia que apoyen lo divino femenino y el arquetipo de la Madre con el fin de sanar la herida materna colectiva?

- ¿Qué enseñanzas puedes inculcar a tus hijos e hijas o a tu yo del pasado, presente o futuro que sirvan de guía para tu sanación y tus actos?

- ¿Cómo ha sofocado el patriarcado el fuego de tu madre? Pon todos los ejemplos que te vengan a la cabeza. ¿Eres capaz de mirar con actitud compasiva a esta mujer despojada de su poder y su fuego?

- ¿Qué puedes expresar con palabras para demostrarle que entiendes su incapacidad para alzar su voz en esas circunstancias y las elecciones que hizo teniendo en cuenta su situación?

- Escribe unas notas o una carta para expresar tus emociones acerca de ello, donde reside el dolor.

- ¿De qué manera puedes reivindicar el poder, que posiblemente el patriarcado te arrebató?

Cuando mostramos comprensión y compasión hacia las antecesoras que encarnaron el patriarcado y la misoginia, no justificamos sus decisiones o actos, sino que nos solidarizamos con todas aquellas mujeres a quienes les resultó imposible manifestar su poder de manera positiva.

Somos dueñas de nuestro dolor y desencanto, al mismo tiempo que les damos voz por medio de la escritura, la palabra, la pintura o la danza. Cuando reivindicamos liberarnos de la ideología y las actitudes patriarcales, lo hacemos para el conjunto de las mujeres.

Podemos valernos de nuestras dificultades y nuestros problemas para despertar el corazón.

PEMA CHÖDRÖN

CAPÍTULO 6

Alineación de chakras

*La primera diosa a cuya magia e influencia
estamos íntimamente ligadas es la mujer
cuyo útero elegimos.*

*La madre se convierte en la fuente vital en los planos físico,
emocional y espiritual. Nuestra relación con la Diosa se cons-
truye de manera simultánea a nuestra relación con la Madre.*

EL CHAKRA RAÍZ Y EL DÉCIMO CHAKRA

Durante la gestación en el útero, absorbemos las emociones y adicciones (a nivel físico y emocional) de nuestra progenitora. Ya entonces nos imbuimos de sus vivencias y las incorporamos a nuestra psique. Aprendemos con el ejemplo y somos un espejo de la única compañera cuyo latido nos acompaña durante los primeros nueve meses de vida.

Cuando venimos al mundo, a medida que el ego comienza a desarrollar la personalidad, descubrimos el sentimiento de autoestima (o la carencia del mismo) de nuestra madre, así como su ego. En la niñez no se percibe la separación de la madre. Iniciamos la dinámica de complacerla y al mismo tiempo tratamos de encontrar nuestro propio lugar. En lo tocante a la relación maternofilial, da la impresión de que la infancia nunca termina. ¿Notas que su presencia, su recuerdo o sus palabras pueden tambalear rápidamente los cimientos que con tanto cuidado has levantado? Ahí es donde reside el trabajo: en desmantelar piedra a piedra los muros de la codependencia.

La fuerza del chakra raíz es el pilar sobre el que construimos la totalidad de nuestra existencia en el mundo terrenal. Reconstruye nuestros cimientos con herramientas que nos hacen tomar conciencia de nuestra independencia y de la razón de nuestra existencia.

Síntomas comunes de desequilibrio del chakra raíz

Dependiendo de las circunstancias o de tu habilidad para trabajar en estos desajustes, es posible que los síntomas experimenten fluctuaciones a lo largo de tu vida o que haya uno prevalente. Puede que identifiques algunos que han desaparecido y otros que aparecen con regularidad.

Es fundamental ser consciente de ello, pues algunos síntomas se manifiestan en enfermedades o constantemente nos topamos con personas en las que identificamos esos síntomas cuando nosotras somos incapaces de detectarlos en nuestro interior.

- Falta de confianza en una misma, en los demás y en la vida en sí.
- Incapacidad para establecer y mantener límites sanos.
- Elección de relaciones o situaciones negativas.
- Falta de amor propio y autoestima.
- Dificultad para alinear el chakra del corazón y el de la garganta.
- Resistencia al perdón y a soltar el rencor.
- Sensación de abandono por parte del universo.

- Miedo en lugar de fe como factor de motivación habitual.
- Inseguridad.
- Perpetuación del ciclo aprendido durante la infancia.

Cuando una niña se encuentra arropada, segura y amada en la relación con una madre que tiene muy presente su rol como pilar de la vida que ha traído al mundo, es capaz de construir su identidad y su confianza en sí misma sobre esos cimientos. La niña que no encuentra ese vínculo sano establece relaciones tóxicas con cualquiera que se lo proporcione. Puede que incluso la madre herida sienta el deseo de crear lazos sanos y haga lo posible por conseguirlo, pero tal vez carezca de herramientas a nivel emocional o no esté lo suficientemente preparada para ejercer esa influencia positiva.

Correspondencias del chakra raíz

Nombre en sánscrito: *muladhara*, o *raíz de soporte*.
Elemento: tierra.
Ubicación: base de la columna y coxis, en el perineo.
Color: rojo.

Relacionado con: la seguridad, el instinto de supervivencia, el miedo y la abundancia, la tribu y la corporeización.

Propósito: conectar el ser espiritual con el mundo terrenal/físico. Cimenta el desarrollo de la personalidad y la asertividad.

Símbolo: loto de cuatro pétalos.

Aceites esenciales: de cedro, mirra, clavo y mejorana.

Piedras: granate, rubí, heliotropo, cuarzo ahumado, turmalina negra, ónice negro y otras piedras negras, oscuras o rojizas.

Planetas y zodiaco: Marte, Escorpio, Capricornio, Saturno, Aries y Tauro.

Glándulas: suprarrenales.

Partes del cuerpo: huesos, dientes, próstata, extremidades, uñas e intestinos.

Si el chakra raíz se encuentra equilibrado, el yo puede centrarse en expandirse, tomar conciencia de su cuerpo y alcanzar la experiencia terrenal deseada, así como experimentar la conexión con la Gran Madre, la naturaleza y sus ciclos.

Si está desequilibrado, la vida se percibe a través del prisma del miedo y la inseguridad y pasa a ser una lucha básica por la supervivencia. El estrés se convierte en una causa común de enfermedad. El desajuste del chakra raíz puede provocar desconfianza en la sociedad o en la autoridad en general y, sobre todo, en una misma. También es posible experimentar una incapacidad para confiar en la naturaleza y una tendencia a priorizar las posesiones materiales.

Estrategias para enraizarse

- Come alimentos que te enraícen: tubérculos, carne, alubias y cereales.
- Camina descalza.
- Usa el color rojo en la ropa y en la decoración de tu hogar.
- Utiliza cristales y aceites esenciales corporales para la meditación o en rituales de sanación.
- Realiza prácticas rituales que tengan significado para ti. Te sugiero hacer un ritual del té poniendo atención plena en detalles como las tazas que utilices, el tiempo que se tarda en prepararlo y su aroma, y sírvelo con una actitud reverencial. Estas ceremonias, que contribuyen a calmarte y centrarte, se llevan a cabo en multitud de culturas y religiones porque permiten alinear el chakra raíz con la intención del rito.
- Conecta con la naturaleza, la Gran Madre, con regularidad.
- Bebe agua de manantial en abundancia.

- Nada o sumérgete en masas de agua en movimiento. Darte un baño o disfrutar de una ducha son otras alternativas. Camina bajo la lluvia: los iones negativos que se emiten durante las tormentas limpian la negatividad.
- Medita. Busca momentos de quietud y silencio.
- Sigue los ciclos de la luna, los planetas y las estaciones.
- Escribe en el diario. Anotar o registrar los acontecimientos, los pensamientos y las emociones es una práctica que conecta el alma con el plano físico.
- Túmbate desnuda sobre la tierra.
- Pronuncia frases asertivas como «Yo soy» cada día para tomar conciencia de tu cuerpo. El chakra raíz resuena profundamente con el mantra «Yo soy». Es un punto energético que proporciona calma y enraizamiento.

¿Dónde está el décimo chakra?

Los chakras del primero al séptimo se hallan en el interior del cuerpo. Fuera, justo sobre el chakra corona, se encuentran los siguientes:

8.º chakra: la conexión con lo Divino.

9.º chakra: el asiento del alma.

11.º chakra: la mente sobre la materia.

12.º chakra: la unidad universal.

Con respecto a la ubicación del décimo chakra, existen tres escuelas de pensamiento. Dos de ellas lo sitúan a 50 y 90 centímetros respectivamente por debajo de los pies, bajo tierra; sin embargo, otra lo localiza entre el noveno y decimoprimero, sobre la coronilla.

Según mi culto pagano, se halla a una distancia aproximada de 50-90 cm bajo tierra. En estas páginas trabajaremos partiendo de esa premisa e intención.

Los chakras nos conectan con el núcleo de la creación. Imagina un cordón energético que te enraíza en la Madre Tierra desde los pies, pasando por todo el cuerpo y la coronilla, hasta el éter, las estrellas y el espacio sideral. Nuestra unidad se manifiesta a través de este sistema, mediante el cual todos estamos ligados a nivel energético en el mismo tapiz de la vida.

¿Por qué es importante para todo el mundo, especialmente para los *émpatas* y las personas altamente sensibles (PAS), enraizarse a través del décimo chakra?

Los *émpatas* y las PAS necesitan anclarse y asentarse en el plano físico. Como trabajamos con energías sutiles en el día a día y tendemos a absorberlas (a pesar de poner límites muy sólidos), hemos de reforzar continuamente nuestra dimensión humana, nuestra dimensión física.

Son muchos los *émpatas*, los trabajadores de la luz y las personas evolucionadas a nivel espiritual que anhelan escapar de su entidad corpórea, de su «realidad» terrenal, bajo la creencia de que el cuerpo constituye un impedimento para su evolución espiritual.

Sin embargo, esto genera muchos problemas y bloqueos en los restantes chakras, pues nos encarnamos precisamente con el fin de vivir una existencia terrenal; por lo tanto, estar constantemente desenraizados (flotando en el éter) conduce a la depresión, a la pérdida del propósito personal, al sufrimiento crónico y a la enfermedad.

Conectar con el décimo chakra con la intención de anclar el cuerpo físico propicia armonía y vibración a los restantes chakras.

El décimo chakra representa:

- La energía de la Tierra.
- El equilibrio de las energías de lo divino femenino y lo divino masculino.
- La conexión con el reino elemental (piedras mágicas, cristales).
- El recuerdo de talentos, dones y sabiduría de vidas anteriores.
- La conexión con los antepasados.
- La sincronía y la creatividad.
- La activación de las doce hebras del ADN.
- La relación simbiótica entre la luz y la oscuridad, pues los chakras décimo y decimosegundo se encuentran directamente conectados. Se reflejan el

uno en el otro de manera similar a las almas geme-
las en su viaje espiritual.

Si bien el décimo chakra es terrenal y oscuro, de
hecho, potencia la luz.

Los elementos de tierra que se pueden usar para
fortalecer este chakra son cualquier tipo de piedra negra, como la hematita, el ónice negro, la turmalina negra, la piedra volcánica, la shungita y, para potenciar su
efecto, el ámbar, el jade y el cuarzo transparente.

A mí también me gusta utilizar aceites esenciales,
por ejemplo de madera de cedro, incienso, sándalo, pa-
chuli, vainilla y bálsamo, para meditar o trabajar en el
día a día con el décimo chakra.

La meditación

Una de las técnicas habituales para enraizarse es empu-
jar la energía desde la coronilla hasta el chakra raíz. No
obstante, después es preciso impulsar esa energía de enraizamiento en la tierra en sentido ascendente a lo largo
de todo el cuerpo para fortalecer todos los chakras. Así,
esa quietud y ese arraigo se equilibran con el espíritu y
pueden devolverse al universo. Como es arriba es abajo.
La alquimia del alma. Puedes grabar la siguiente meditación para reproducirla cuantas veces necesites:

- Siéntate en una silla o sobre un *zafu* con los pies bien anclados en el suelo.

- Dedica unos instantes a expresar tu gratitud a la Tierra, que te sustenta a ti y a la vida que viniste a vivir.

- Piensa en un lugar de la Tierra que sea especial para ti, por ejemplo un sitio que hayas visitado en la vida presente o en una anterior, o bien al que te gustaría ir en el futuro. Puede ser tu jardín, un parque próximo o cualquier rincón de la naturaleza que te aporte alegría.

- Realiza tres respiraciones profundas para soltar la tensión e imbuirte de armonía y paz, deja que tus pensamientos se aquieten y observa cómo se disipan lentamente. No juzgues ninguno de esos pensamientos; obsérvalos sin más y permite que fluyan.

- Imagina cómo tu energía se expande sobre ti hacia el cosmos y llénate de su energía estelar. Deja que impregne el decimosegundo chakra muy despacio. Cuando estés lista, visualiza cómo fluye en sentido descendente a través del decimoprimero, el noveno y el octavo chakra. Su luz inunda la totalidad de tu ser.

- Abre tu chakra corona como una flor de loto en todo su esplendor para que esa luz espiritual colme hasta el último recoveco de tu cerebro. Permite que descienda a tu tercer ojo para despertar la

intuición. Seguidamente, visualiza cómo te ilumina la garganta, tu verdad, el cuello y los hombros,
y después cómo te envuelve el chakra del corazón,
el pecho y los brazos hasta las yemas de los dedos.

- Despacio, aún más despacio, deja que esta luz se
expanda sobre el plexo solar para despertar tu poder personal y que te ilumine el bajo vientre, las
piernas y el chakra raíz con un fulgor radiante que
te empodera. Permite que esta luz potencie tu alma
y tu creatividad.

- Tómate tu tiempo para relajarte por completo y
disfrutar de la experiencia, fortalecerte y cargarte
de energía. Dedica el tiempo que desees a esta meditación; no hay un límite establecido. Haz que sea
como un retiro de quietud. Recuerda tu deseo de
vivir la experiencia terrenal en un cuerpo humano
y abraza el viaje que has emprendido. Eres un ser
mágico en una misión llena de propósito.

- Imagina que el suelo se abre bajo las plantas de tus
pies y te permite sentir el reconfortante abrazo de
la Tierra. Ábrete al amor incondicional de la Gran
Madre y siente su compasión y su sabiduría. Busca
un camino entre las raíces del árbol de la vida. En
el inframundo hallarás la aceptación absoluta de tu
viaje personal en la Tierra.

- Continúa ahondando aún más. Hazte un nido entre las raíces, entretéjelo con musgo suave y siénte-
te arropada en tu refugio. Respira despacio. Aspira

el aroma del bosque, las hojas y la tierra. Después, visualiza cómo tú también desarrollas raíces que se extienden y crecen hasta lo más profundo del suelo que hay debajo de ti. Estás enraizada en el útero de la Diosa.

- Te sientes apoyada y comprendida. Ahora puedes impulsar esta sensación de enraizamiento y pertenencia a través de los pies para centrar el chakra raíz. A medida que esta energía serena e intensa asciende por los siete chakras, estos empiezan a girar en el sentido de las agujas del reloj, en perfecta armonía el uno con el otro y con tu propósito en la Tierra.

- Te imbuyes de una fuerza extraordinaria. Te sientes querida y aceptada y, por tanto, quieres y aceptas a los demás.

- Haz que este enraizamiento fluya en sentido ascendente hasta el cosmos a modo de ofrenda. Pon las manos sobre el suelo y siente la «tierra» que hay debajo de ti. Expresa tu gratitud a la Gran Madre. Frota las palmas de las manos con fuerza a la altura del pecho y nota su calor. A continuación, coloca las manos en el mudra de la oración y llévalas hasta el tercer ojo.

TUS ARQUETIPOS PERSONALES

Cada cual tiene arquetipos personales que revelan su propósito y que constituyen las semillas a partir de las cuales puede alcanzar su plena corporeización en cada encarnación.

Experimentamos nuestras encarnaciones de manera simultánea, aunque se nos diga que se producen de forma lineal. Extraemos enseñanzas de todas nuestras vidas con el fin de aportar nuestros dones particulares al mundo.

El siguiente ejercicio te permitirá conectar con tu intuición para descubrir y recordar tus arquetipos personales.

En tu espacio meditativo, con independencia de cómo desees crearlo —tal vez al estilo tradicional, o bien sentada con la espalda apoyada en tu árbol favorito e incluso en una cafetería con un delicioso café y un dulce—, apunta todos los arquetipos cuya presencia percibas en el transcurso de tu actual existencia. Notarás que algunos se encuentran germinando, mientras que otros están aflorando o en pleno esplendor.

Ejemplo: algunos de mis arquetipos son la Creadora, la Guardiana de la Tierra, la Sacerdotisa, la Rebelde, la Revolucionaria, el Puente entre Mundos, la

Exploradora, la Bruja, el Alma Vieja, la Creadora de Comunidad y la Ecologista.

Escribe todo lo que te llegue al corazón. ¡Se atrevida! No lo revises; deja que fluya de manera espontánea. A lo mejor encuentras cinco arquetipos... o cuarenta.

Unos te harán sentir a gusto, otros quizá te colmen de alegría o te infundan temor e incluso algunos te arrancarán una carcajada. A mí, por ejemplo, el arquetipo de la Artista me hizo gracia. No me hizo sentir cómoda en absoluto, y sin embargo...

En los próximos meses, puedes retomar este ejercicio para ver en qué sentido has evolucionado, tomado conciencia de tu cuerpo, expandido, huido, etcétera. Los arquetipos que provocan miedo son los que, al enfrentarte a esa sombra, te ayudarán a lograr la plena autorrealización.

¿Dónde sientes alegría al indagar en tus arquetipos? Esos son los lugares interesantes de tu ser que ahora cobran vida dentro de ti, y tú te encuentras preparada para ahondar en ellos.

*Podemos sanar nuestras heridas
escuchando las historias de otros.*

CAPÍTULO 7

Conoce tu linaje materno

La herida materna se halla sumida en el miedo a nuestro poder personal, al de nuestra madre y al de nuestra abuela. Cuando superamos nuestros propios miedos, aniquilamos los dragones de nuestro linaje femenino y sanamos a numerosas generaciones futuras.

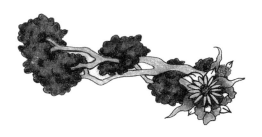

*Relaciónate con tu madre, no como tu
niña interior, sino como adulta.*

*Observa cómo la dinámica entre vosotras cambia
radicalmente y se abren las puertas de la sanación.*

SANACIÓN ANCESTRAL Y RECONCILIACIÓN

¿Quién es ella? ¿Quién soy yo? ¿Quiénes fueron ellas? ¿Quiénes somos nosotras?

Estas cuatro preguntas constituyen el punto de partida para ahondar en el linaje materno. Estamos conectadas de útero a útero, de anhelo a anhelo, de esperanza a esperanza, de vida a vida y, a menudo, de herida a herida.

¿Por qué debemos indagar más allá de nosotras mismas para sanar la herida materna?

Cada mujer —cada abuela, madre e hija— anhela cobrar visibilidad. Analizar nuestro linaje materno es muy similar a conocer otras culturas. Nos abre los ojos a experiencias ajenas. Por otro lado, posibilita el reconocimiento de generaciones de mujeres anteriores a la nuestra al mismo tiempo que nos observamos en ese tapiz ancestral.

Todas estamos interconectadas a través de la alquimia del ADN, la sangre y el líquido embrionario en el que flotamos y del que nos impregnamos. A lo largo de siglos de nacimientos y renacimientos nos han albergado multitud de úteros.

Vivimos la totalidad de nuestras vidas —pasadas, presentes y futuras— de manera simultánea y, pese a que cuesta entender el concepto de que el tiempo se solapa, nos hacemos una idea de hasta qué punto es importante trabajar con las sombras: cuando atravesamos las llamas de la transformación personal, sanamos todas las capas, incluidas las de nuestras antepasadas y descendientes.

Recopilar historias

Nuestras vivencias y las de aquellas mujeres que han vivido a lo largo del tiempo pueden propiciar un cambio en la consciencia de la humanidad. Estas experiencias, almacenadas en la memoria colectiva, han sido muy a menudo despreciadas al silenciar la voz de la mujer.

Lo importante es alzar la voz en nuestro nombre y en el de nuestras antecesoras.

Antes de hacerlo, es preciso saber quiénes fueron esas mujeres y cómo crecimos a partir de su experiencia y de sus úteros ancestrales.

Somos seres individuales y a la vez formamos parte del clan. Como los lobos, las mujeres saben de manera instintiva que el vínculo nos protege, nos mantiene a salvo y en armonía con el conjunto del mundo en el que vivimos. Conocer nuestro linaje materno es alcanzar un conocimiento más profundo de nosotras mismas y de la Gran Madre, que vive y respira a través de cada una de nosotras.

Emprende un proyecto de pequeña o gran envergadura para rastrear tu linaje materno

Cuando nos vemos a nosotras mismas a través del prisma de nuestras antepasadas, somos capaces de empezar a sanar de manera consciente lo que fluye a través de nosotras.

He aquí cuatro ejercicios para conectarte con tus antepasadas —ya sean cercanas o lejanas en el tiempo, estén vivas o en transición— y centrarte en la sanación y la reconciliación de una manera práctica:

- ¿Cuál es tu linaje materno personal? Describe en tu diario a las cuatro predecesoras a las que estás conectada de útero a útero.

   ¿Quiénes fueron? ¿Dónde vivieron? ¿Las conociste por boca de terceros o personalmente? ¿Ves hilos en el tapiz que te ligan a ellas? ¿Te pareces a alguna de ellas o tienes cualidades o experiencias similares a las suyas? ¿Compartís los mismos lenguajes del amor?

- Añade algo a tu altar que las simbolice. Si dispones de algo heredado, ponlo o incluso póntelo (por ejemplo, una joya).
- ¿Te es posible conocer más historias? ¿Hay preguntas que necesitan respuestas? ¿Puedes encontrarlas?

- Puedes llegar hasta aquí o dejar que esto te impulse a realizar un viaje por tu propio árbol de la vida. Hazte una prueba de ADN para conocer tu ascendencia con más detalle. Crea un árbol genealógico en tu diario o en un proyecto más ambicioso.

> ¿Quién fue ella? ¿Quién soy yo? ¿Quiénes somos nosotras como colectivo?

Conectadas por raíces ancestrales: cómo propiciar la reconciliación ancestral con la intención

- Escribe un texto con el propósito de dar fe de tu linaje materno y, al mismo tiempo, observarte en tu autenticidad.

> Honra las historias de tu narración, ya sean tuyas o de ellas, inspiradoras o sombrías.
> Honra tu viaje y tus vivencias personales.
> Honra las raíces y las nuevas ramas que están creciendo.

- Añade fotografías, dibujos, objetos u hojas de árboles prensadas que sirvan de apoyo al relato.
- Busca un «árbol abuela» para meditar y sanar. Es un árbol viejo que sustenta a los árboles jóvenes por medio de su sistema radicular, similar a una anciana bruja en el paganismo. Recibe su amor y nútrete de él. Enraízate profundamente con él. Regálale un

poema, una canción, un cristal, una concha, una pluma, una danza o lo que te salga del corazón.

- Toma nota de cualquier transformación, anhelo o revelación fruto de esta reconciliación.

Lectura de tarot ancestral

- Elige instintivamente de una a siete cartas del tarot o del oráculo y colócalas bocabajo conforme vayas sacándolas.
- Ponlas bocarriba y sintoniza con ellas.
- Formula las siguientes preguntas o las que te vengan a la cabeza: ¿Cómo te llamas y qué parentesco guardas conmigo? ¿Qué lecciones de vida puedes ofrecerme? ¿Qué revelación tienes para mí hoy? ¿Qué señal utilizarás para indicarme tu presencia? ¿Qué dones he heredado de ti? ¿Cómo puedo honrar más a mis antepasadas? ¿Cómo puedo mejorar para convertirme en una mejor predecesora?
- Presta atención a las respuestas, confía en lo que percibas, apúntalo y añádele el significado o mensaje de la carta.
- Da las gracias a tu antepasada por sus mensajes y su sabiduría.

La historia de todas las madres e hijas es la historia
de sus distanciamientos y reencuentros.

DEMETRA GEORGE

EL NACIMIENTO DE TU AUTENTICIDAD Y TU CAMINO SAGRADO

Al asumir la responsabilidad de tu propia felicidad, liberas a tu madre de ser quien no pudo ser.

Si tu experiencia ha conllevado minusvalorarte con el fin de ser querida, o si has negado tu autenticidad con tal de sentirte segura o aceptada, tu responsabilidad sagrada es quererte, nutrirte y aprender a vivir con autoestima.

Es posible que una mujer que se siente insegura, ignorada e invisible sacrifique a su hija de la misma manera que ella se sintió anulada. Puede que le pida, de forma consciente o inconsciente, que renuncie a su identidad.

- ¿De qué forma sofocó la llama que hay dentro de ti tu madre o tu figura materna?
- ¿En qué parte de tu cuerpo sientes el abandono?
- ¿En qué situaciones de la vida percibes que tus propios actos o decisiones refuerzan esta negación de tu identidad?

    En lo tocante a la herida materna, es habitual autolesionarse y lastimarse cuando existe una falta de lucidez. Para cultivarla, analiza el patrón heredado a través de tu linaje materno.

- Pon por escrito la intención de quererte, nutrirte y tomar las riendas de tu verdadero yo y de tu vida; de reconocerte merecedora de expresar todo cuanto eres, y de quererte y nutrirte en tu singularidad.

Brinda espacio a tu madre para que sea ella misma, al igual que te habría gustado que ella respetara tu espacio. Permítete llorar a la madre que nunca tuviste, a la «verdadera» madre que no llegó a materializarse. Al dejar ir a la madre de tus fantasías, te empoderas.

Nota el espacio que se abre en tu historia cuando liberas a la madre que esperabas y aceptas la experiencia vivida como un camino hacia el pleno dominio de ti misma.

El duelo por la «verdadera» madre y la responsabilidad que asumes ante tu auténtico camino sagrado reescribe la historia y aparta el foco del victimismo/culpabilidad para centrarte en la cocreación integrada.

¿Qué te gustaría crear en tu vida?

Ritual para liberar a la madre de tus fantasías

- Escribe una nota de agradecimiento a la madre de tus sueños, a cuya altura no pudo estar tu progenitora. Ejemplo:

    Querida madre de mis fantasías:
    Honro tu espacio en mi vida y las distintas maneras en las que hiciste que tuviera presente cuáles eran mis

necesidades. Te he llevado en el corazón con la esperanza de que te materializaras en mi vida.

- Siente en qué lugares de tu cuerpo o de tus emociones reside la madre de tus fantasías.

- Pon esta nota en el altar y honra los sentimientos que afloran cuando piensas en dejarla ir.

- Coloca sobre el altar un recipiente seguro, como un caldero, y quema la nota con la intención de proporcionar espacio para la sanación allí donde ella estaba presente.

- Esparce las cenizas en un lugar donde te sientas arropada. Lo ideal es un sitio con agua en movimiento. También puedes esparcirlas al viento en tu rincón favorito de la naturaleza.

- Establece límites en tus pensamientos, palabras y actos con el fin de evitar que la madre de tus fantasías vuelva a tomar forma. Llena el espacio que ocupaba emprendiendo el viaje de tu camino sagrado y realización plena.

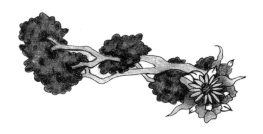

El verdadero significado del perdón no es olvidar lo ocurrido, sino dejar de desear que hubiera sido diferente.

TOKO-PA TURNER,
El verdadero significado de la pertenencia

CAPÍTULO 8

Fases del duelo en la herida materna

*Si ahondamos lo suficiente, podemos encontrar historias
de resiliencia y valentía en cualquier madre.*

ABANDONO Y AFLICCIÓN

Puede que no seamos conscientes de ello, pero el origen de la herida materna radica en el *abandono*, que está profundamente imbuido de miedo. Todo el proceso que realizamos para crear el vínculo con la vida y con nosotras mismas, así como para sentirnos confiadas y seguras, depende del vínculo que establezcamos con nuestra progenitora.

Con independencia de cuándo se haya originado la herida materna, sea durante la infancia o en la madurez (por ejemplo, cuando la madre fallece, se vuelve inestable, se ve aquejada de alzhéimer o de repente se convierte en alguien con quien ya resulta imposible sentirse segura), el ciclo de sufrimiento proporciona un aprendizaje.

El propósito del sufrimiento es ablandarnos, aunque pueda parecer lo contrario. Al igual que la Gran Madre, tiene sus fases.

A lo mejor estamos apenadas sin saber con certeza cómo identificarlo. Puede experimentarse un sentimiento de abatimiento o tristeza; también puede manifestarse en una enfermedad o en un colapso completo del sistema inmunitario. Tal vez se haya estado gestando durante meses o años hasta que se hace evidente. Entonces, un día, ajá: la aflicción nos quita la venda de los ojos y nos damos cuenta de que la relación con nuestra madre se refleja en nuestras relaciones y circunstancias.

A veces, el abandono y la aflicción se ponen de manifiesto en:

- Un sentimiento de pérdida, en ocasiones inexplicable o indefinido.
- Una sensación de desencanto por el devenir de la vida.
- Sentimientos de inseguridad, baja autoestima o pérdida de identidad.
- Una desconexión del propósito del alma.
- Un decaimiento persistente a nivel físico y anímico.
- Miedo al futuro o a lo cotidiano, y procrastinación a la hora de «seguir adelante» con la vida.
- El autosabotaje justo cuando una empieza a sentirse apoyada por la vida y el universo. (Tal vez con el argumento de que se presentan circunstancias inevitables que en apariencia surgen de la nada).

La «niña exterior» adopta patrones que reflejan el abandono inicial de la niña interior y crea un ciclo de autoabandono.

Identificar los patrones y las señales de la aflicción es el primer paso. Tomar plena conciencia de las fases permite sobrellevar la aflicción con amor y compasión, además de aceptar tu viaje sin juzgar.

- **Conmoción:** tomar conciencia de lo que está sucediendo o de lo que ha sucedido (es posible que se produzca años después del trauma en sí).
- **Negación:** resistirse a aceptar la realidad y tratar de evitar lo inevitable.
- **Ira:** explosión de emociones reprimidas o comportamiento violento/autodestructivo a consecuencia de la ira contenida.
- **Negociación:** buscar un modo de huir de la situación o de justificar las circunstancias inútilmente.
- **Depresión:** tocar fondo finalmente ante la realidad y sumirse en la desesperación, autocompadecerse o autolesionarse.
- **Reajuste:** sentirse esperanzada en ocasiones y buscar soluciones realistas.
- **Aceptación:** encontrar el modo de avanzar.
- **Compasión y perdón:** asumir la responsabilidad de tu experiencia y sanación, superar la necesidad de culpar y encontrar la compasión y el perdón para ti y para tu progenitora.
- **Integración para la plenitud:** reconectar con el propósito de tu alma y, al afrontar la realidad, alcanzar la transformación y la paz interior.

«He sufrido/sufro» es una frase sencilla y sin embargo poderosa que proporciona claridad y conduce a un estado de paz con respecto a la herida materna.

También es importante señalar que la aflicción no siempre se rige por un patrón ni mucho menos: a lo mejor tocas fondo, resurges y experimentas altibajos a lo largo de las «fases». Permítete vivir el duelo a tu manera.

La herida materna es un duelo por:

La madre que no tuvimos o la madre que perdimos.

Los vínculos que no establecimos.

Las partes de nuestro ser que no recibieron amor.

El dolor de nuestra niña interior.

El yo de nuestra juventud.

Las conversaciones que mantuvimos o no mantuvimos.

Las heridas de nuestro ser que no han cicatrizado.

Las experiencias que nos traumatizaron.

La vida que no tuvimos, bien por la herida original o por la que nos autoinfligimos.

Las palabras que no escuchamos.

Los abrazos que no recibimos.

El sentimiento de incomprensión.

Expresa tu aflicción personal añadiendo los motivos a esta lista.

CORRESPONDENCIAS CON LOS CHAKRAS

La aflicción se manifiesta a través de los chakras con colores. En la siguiente lista los chakras no figuran en orden. Presta atención a dónde reside la emoción o la experiencia traumática. Puedes trabajar con esto al meditar, para arrancar la aflicción de cuajo. Después, visualiza cómo tu cuerpo se libera de ella y sellas esa puerta.

- Ira: rojo, chakra raíz.
    (Aquí pueden acumularse la frustración y el resentimiento).
- Negación: púrpura/índigo, chakra del tercer ojo.
    (Negarse a aceptar la realidad).
- Negociación: azul, chakra de la garganta.
    (Expresar la idiosincrasia y verbalizar nuestras necesidades, a menudo en vano).
- Depresión: negro, décimo chakra, bajo los pies.
    (Tierra/tumba, lamerse las heridas).
- Reajuste: amarillo/naranja, chakra del plexo solar/sacro.
    (Buscar soluciones *realistas*).
- Aceptación, compasión y perdón: verde, chakra del corazón.
    (Un modo de avanzar).

- Integración para la plenitud: blanco, chakra corona. (Conexión con la esencia, el propósito del alma, la unidad con la Gran Madre y el universo).

Usa las siguientes piedras para meditar junto a tu altar, realizar rituales de sanación o llevarlas encima como protección:

- Décimo chakra: ónice negro, turmalina negra, obsidiana, perla negra y hematita.
- Chakra raíz: ágata, heliotropo, granate, rubí y cuarzo ahumado.
- Chakra del tercer ojo: ópalo, lapislázuli, sodalita y zafiro.
- Chakra de la garganta: aguamarina, turquesa, calcedonia, cianita y calcedonia azul.
- Chakra del plexo solar: ámbar, ojo de tigre, citrino, ágata, topacio amarillo y cornalina.
- Chakra del corazón: jade, esmeralda, cuarzo rosa, venturina, cornalina y jaspe.
- Chakra corona: amatista, cristal de roca, diamante y selenita.
- Chakra del sacro (útero): piedra de luna, cornalina, turmalina, ámbar y citrino.

MANIFIÉSTALO EN EL ALTAR

Felicítate por el trabajo sagrado que has realizado. Respira hondo y haz una pausa. Ahora que has afrontado el dolor desde una nueva perspectiva, tal vez sea el momento de que renueves tu altar. Puedes celebrar tu compromiso con el viaje de transformación:

- En el altar de tu ser
- En tu altar sagrado
- En tu diario
- Por medio de la creatividad: con un proyecto artístico, una canción, una danza o fotografías

Toma conciencia de ti misma y de tu proceso de duelo. Al tomar conciencia de nosotras mismas, nos concedemos permiso para aceptar sentimientos de cualquier índole, comprendernos mejor, ser objetivas y afrontar el dolor de una manera sana.

- Anota las fases del duelo que has experimentado: las que reconoces, las que estás viviendo y las que has pasado o superado.
- Confecciona una bolsita o prepara un cuenco de piedras semipreciosas para fortalecer los chakras que necesitas equilibrar actualmente o utiliza

colores con la misma finalidad (en prendas, pañuelos, flores para el altar, joyas, velas, etc.).

¿Qué necesitas a nivel físico y espiritual ahora? Elige aquello que te resuene de esta lista o añade tus propias ideas:

- Una conversación con tu madre.
- Un ritual de autocuidado, como un masaje, una escapada, un poema dedicado a ti misma, un baño sagrado, un largo periodo de silencio/soledad, o un ritual de liberación de ataduras.
- Límites más definidos con tu progenitora, en otras relaciones y con tus propios pensamientos y patrones.
- Un compromiso con tu propósito.
- La intención de avanzar, de tomar una determinación.

¿Qué ideas se te han ocurrido?

*Es preciso que haya suficiente seguridad y amor entre
las mujeres y en el seno de la sociedad para que puedan
expresar sus sentimientos de tristeza, su rabia y sus
pérdidas. Si los reprimen, se transmiten a la siguiente
generación, a hijas que se convierten en madres,
que engendran hijas e hijos. Cada generación ha de
gestionar su propio dolor y su propia sanación.*

CAPÍTULO 9

Soltar las ataduras generacionales

La plenitud se alcanza cuando nos permitimos ser precisamente lo que reprimieron nuestras madres, la sociedad, el patriarcado y nuestro propio miedo a la pérdida y al abandono.

LA HERIDA MATERNA ES LA HERIDA DE LA TRIBU DE ALMAS

Tu tribu de almas se compone de todas aquellas que se han encarnado para recibir las enseñanzas de esta existencia con el fin de alcanzar el pleno dominio de ti misma y evolucionar a nivel espiritual.

Incluye a las personas con las que te relacionas, a aquellas con las que mantienes una relación sentimental (incluidas las aventuras), a la totalidad de tu árbol familiar, a tus amigos, a tus compañeros de trabajo y conocidos (aparentemente de manera fortuita), a tus hijos fallecidos (sea por enfermedad, accidente, aborto voluntario o natural, violencia, etc.) y a todos aquellos con los cuales te une un parentesco civil. Una tribu de almas puede contar con miles de integrantes.

¿Sabías que tu niña interior se relacionó/relaciona con todos los integrantes de tu tribu de almas? Lo que pasa es que es demasiado joven para entender la complejidad de tu vida de adulta y carece de herramientas para asimilar todas tus vivencias. Es la parte de ti que continúa en la infancia, la que te proporciona los dones de la juventud, inocencia e ingenuidad, de los que puedes servirte en el día a día.

Puedes ayudarla a sentirse segura, arropada, escuchada y protegida. Forma una parte inherente de tu ser.

Mediante la liberación de heridas intergeneracionales, le proporcionas un espacio donde poder recuperar la confianza y sentirse valorada, junto con el apoyo que tal vez no recibiste durante tu desarrollo como mujer.

Enfrentarte a las ataduras generacionales y soltarlas te permite reprogramar a tu niña interior con todo su potencial y liberarla del dolor arrastrado a lo largo de generaciones. Esta liberación incidirá en la frecuencia vibracional de numerosas vidas. Su herida materna y la tuya forman parte de esta herida colectiva. Al realizar el trabajo al que te comprometes con este ritual, es posible que surjan conexiones; pueden manifestarse a través de sueños, recuerdos o mensajes inesperados que recibas de otros integrantes de tu tribu de almas. Todo cuanto suceda es beneficioso para ti y para tu evolución personal y espiritual, no es ni bueno ni malo: simplemente es.

RITUAL PARA SANAR LAS DOCE HERIDAS DE LA TRIBU DE ALMAS

Realizarás el siguiente ritual una vez por todas las veces que te has encarnado, incluida tu actual encarnación.

La ceremonia consiste en limpiar estas doce heridas con amor, compasión y perdón:

- Creencias limitantes
- Violencia
- Pobreza
- Rabia
- Adicción
- Traición
- Abandono
- Pérdida de identidad cultural
- Enfermedad
- Pérdida de soberanía
- Supresión de la identidad
- Degradación de los derechos humanos

Primer paso: prepárate

Pon una intención a tu ritual y escríbela en el diario. Ejemplo:

Mi intención con este ritual es liberarme de todas las ataduras generacionales que he experimentado por medio de mis interacciones con mi tribu de almas del presente y del pasado.

Purifícate con un baño o una ducha y, a modo de apoyo, realza la experiencia con aquello que te resuene: coloca cristales, velas y objetos sobre un altar junto a la bañera o la ducha, usa aceites esenciales, sales de baño, etc.

Segundo paso: crea un espacio sagrado

Elige un lugar donde te sientas segura y protegida, ya sea cubierto o al aire libre.

Reúne todo lo necesario: tu intención y tu fórmula ceremonial por escrito, tu diario, una bebida como ofrenda a las deidades que invoques (¡y para ti!), la indumentaria que desees ponerte y cualquier objeto especial que quieras que forme parte del ritual (un tambor, unas maracas, fotografías de antepasados, música, un lazo para cortar ataduras, etc.). En esto no hay reglas: se trata de vivir tu experiencia como te plazca. A lo mejor prefieres mantener tu espacio sagrado muy austero. Guíate por tu intuición.

Nota: Si vas a usar un lazo, pon en un extremo la etiqueta «Estoy libre» y en el otro «de todos los traumas, ataduras y enfermedades». En caso contrario, puedes visualizar la «atadura» como un cordón que se desprende por completo de tu cuerpo y a continuación sellar con luz dorada la zona donde has visualizado que se desprende.

Tercer paso: inicia el ritual

Enciende velas, quema incienso o (si tienes posibilidad) haz fuego.

Invoca a las cuatro direcciones, a los cuatro elementos y a cualquier aliado/ángel/diosa/guía espiritual cuya energía deseas o necesitas. (Mis incondicionales son: el cuervo, el coyote, el colibrí, Lilith, Diana, el serbal, el acebo y el roble). Siente cómo aumenta la energía mientras te mantienes presente ante todos aquellos que se han reunido contigo.

Invoca a esos seres para que te proporcionen protección y clarividencia.

Presta atención a cualquier cambio que percibas en el aire, en la energía o en tus emociones. Y respira.

Cuarto paso: recita la fórmula ceremonial

Visualiza tu tribu de almas. No es necesario que conozcas sus rostros o sus nombres ni que seas capaz de imaginarlos a *todos* individualmente. *Con la intención basta.* Visualiza el cordón energético de luz, que es tu propia matriz rebosante de amor y compasión. No hay necesidad de devolver el karma a las diversas generaciones ni de preocuparse por cuál les corresponde; eso no importa. Se trata de soltar ataduras desde el espacio del amor puro, donde no existe la separación. Este ritual se realiza con la energía de la consciencia de la unidad.

Utiliza el siguiente mantra textualmente o como inspiración para crear el tuyo y recítalo en voz alta:

Hoy, actúo con plena soberanía sobre mis cuerpos físico, emocional, mental y espiritual con la intención de liberar (a mi yo del presente, pasado y futuro) de todas las ataduras generacionales creadas a lo largo de todas las vidas y de todos los grupos de almas con los cuales he vivido mi existencia en la Tierra. Con una vibración de amor puro e incondicional, compasión y perdón, suelto todas las ataduras indeseadas que me atan a otros y sus intenciones (conscientes o inconscientes) hacia mí, con el fin de liberarnos de todos los juramentos, contratos, cordones energéticos y enfermedades, soltándolos al cosmos a través del conjunto de realidades, dimensiones y capas de percepciones personales. Reclamo que me sean devueltos todos los pedazos de mi corazón y mi alma que perdí a través de todas mis relaciones, de cada generación, a lo largo de todos los tiempos. Envío energía sanadora a todas las integrantes de mi linaje. Me libero de todas las secuelas de traumas anteriores y de traumas heredados de generación en generación. Reclamo protección para mí misma y los míos, y pido que cualquier integrante de mi linaje que continúe atrapada en su trauma encuentre la paz a través de sus ángeles y guías. Así, me convierto en un ser pleno, soberano y libre; soy plenamente dueña de mi poder y responsable de todas las facetas de mi ser. Como es arriba es abajo, como es dentro es fuera. ¡Que así sea!

Si estás utilizando el lazo, córtalo ahora.

Presta atención a las sensaciones de tu cuerpo, tómate tu tiempo para sentir y da rienda suelta a las lágrimas, emociones y sensaciones.

Quinto paso: cierra el ritual

Da las gracias a las cuatro direcciones, a los cuatro elementos, a los ángeles, a tus guías espirituales, a tus diosas y a tus aliados por ayudarte en tu potente y permanente transformación. Ofrece una libación a la diosa que te ha asistido. Cuando sientas que se la ha bebido, bebe para celebrarlo con ella.

Apunta en tu diario cada revelación, mensaje o percepción que tengas o que se te transmita, baila o canta. Apaga las velas cuando estés lista para regresar a este mundo.

Dedica el día a descansar y conectar con la Gran Madre, que ha sido testigo de tu transformación.

¡Enhorabuena!

Has creado más paz, amor y unidad en tu interior, en el mundo y en la consciencia universal.

Soy hija del universo y la Gran Madre,
un espíritu que vive una experiencia terrenal. Mi
hogar forma una parte inherente de mí.

APOYO PARA TU NIÑA INTERIOR

Ejercicio para cultivar la autoestima

- Léele, por ejemplo, los cuentos favoritos de tu infancia.
- Sorpréndela con un regalo que os recuerde, tanto a ella como a ti, lo especiales que sois las dos.
- Disfrutad de aventuras juntas. La diversión es un aspecto importante de la alegría.
- Tenla presente en tu altar, en tus oraciones y en tu meditación diaria.
- Pon música que le pueda gustar. Piensa en qué os traerá recuerdos de sensaciones agradables que os infundan seguridad a ambas.
- Daos un capricho. Siéntate en tu cafetería favorita y disfruta de alguna exquisitez. Nada de contar las calorías: ninguna de las dos necesitáis permiso para hacer lo que os plazca.
- Escúchala. Deja que se exprese en tu diario, en tus proyectos artísticos y en tu forma de vivir la vida.
- Arrópala. A ella le encantan la calidez de las mantas, las tazas de chocolate caliente y los abrazos en el sentido literal. Adopta el hábito de abrazarte: exhala y disfruta del placer de sentirte arropada.

- Sueña con ella. Pregúntale cuáles eran sus esperanzas mientras crecía. Hazle saber que sus sueños son viables persiguiendo todos aquellos que anheles.
- Enséñale a vivir con compasión, perdón y desde el corazón. Ella siempre escucha, observa y aprende. Ayúdala a cultivar la fortaleza y la confianza en sí misma tomando decisiones que te empoderen.
- Quiérela. ¡Díselo a menudo! Nunca se cansa de los refuerzos positivos.

La relación con tu niña interior es equiparable a tu relación con el mundo. Es tu responsabilidad sagrada además de un regalo para ti misma.

*Apoya a tu madre interior del mismo modo que apoyarías
a tu niña interior. Trátala con compasión y aceptación.
Deja que experimente el duelo, que llore y se libere.
Bríndale apoyo con gestos amables hacia ti misma.*

La niña interior, la madre interior y tú sois una.

CAPÍTULO 10

El viaje chamánico del alma

*A veces es preciso ahondar, más allá de la
psique, hasta el asiento del alma.*

PROPICIAR EL PERDÓN

Conoce a la niña y a la madre que hay en ti en un ritual de fuego para la reconciliación

En este viaje, te guiaré para que te reencuentres con tu esencia en cualquier etapa del presente, pasado o futuro.

Te reunirás con antepasados, guías espirituales, tótems de animales (incluidas las mascotas), ángeles, arquetipos o seres interplanetarios.

El viaje chamánico guiado es una práctica segura y sagrada que te permite:

- Hablar con tu yo del pasado o del futuro.
- Conversar con todas las personas con las cuales tienes conflictos sin resolver.
- Cortar cordones energéticos de relaciones pasadas.
- Recibir orientación o enseñanzas de ancestros o guías espirituales.
- Sanar heridas enquistadas en la memoria celular.
- Liberarte de juramentos y ataduras energéticas.
- Cultivar la compasión, la empatía, la sanación emocional y el perdón.
- Transmitir mensajes a los seres queridos que se encuentran en el más allá.

- Gestionar heridas maternas, paternas, fraternas o de pareja.
- Conectar con tu intuición y con la mujer sabia que hay en ti.

El viaje chamánico guiado propicia cambios alquímicos en tu evolución espiritual.

Si bien la finalidad de este ritual es reencontrarte con la niña y la madre que hay en ti, también puedes realizarlo para conectar con otras personas o seres de tu vida y, por consiguiente, es posible llevarlo a cabo en multitud de ocasiones con diferentes objetivos.

- Busca un lugar cómodo donde poder sentarte en estado meditativo.
- Prepara el espacio para propiciar la experiencia mágica en la que estás a punto de embarcarte. Enciende velas para invocar a mensajeros divinos y espirituales. Si lo deseas, aplícate aceites esenciales de tu elección en los puntos del pulso; pueden ayudarte a que te sientas a gusto durante el viaje. Elige una o dos cartas y ponlas en el altar. Ten el diario a mano porque querrás documentar el paso crucial que vas a dar en el transformador viaje de tu herida materna.
- Expresa la intención para tu periplo. Puedes ponerla por escrito y colocarla en el altar también.
- Pon el teléfono en silencio y guárdalo.

- Tienes la posibilidad de realizar el viaje en silencio o con acompañamiento musical de apoyo.
- A continuación, siéntate en una postura cómoda y receptiva.
- Realiza tres respiraciones profundas. Inhala tres veces para llenarte de amor incondicional y paz. Suelta por completo la ansiedad, los miedos y los prejuicios con la exhalación. Inhala de nuevo tres veces para colmarte de amor. Exhala amor y compártelo con la consciencia universal.
- Cierra los ojos y comienza.
- Sintoniza con tu cuerpo, un espacio donde te sientes completamente segura, arropada y a gusto. Te darás cuenta de que hay un camino a tu izquierda y, más adelante, un tramo de escaleras que conducen a una parte más profunda de tu interior. Baja esos escalones despacio; cada uno te llevará más lejos de este mundo, a un reino donde todo es posible. Ya no te encuentras en la tercera dimensión, sino en la dimensión del chakra del corazón.

  Tu cuerpo irradia luz, y ahora eres un ser inconmensurable. Te encuentras en casa.

- ¿Cómo te llamas en este reino? Escucha la respuesta de tu yo superior. Deja que se manifieste cualquiera de tus nombres interdimensionales.

Ahora puedes empezar a dar testimonio de ello en tu diario, teniendo presente que continúas en la dimensión del chakra del corazón, incluso mientras escribes y miras a tu alrededor.

- Invita a cualquiera de tus guías espirituales, ángeles, animales espirituales o consejero o consejera que desees que te guíe en tu viaje. ¿Cómo se llama o llaman?
- Presta atención y describe la apariencia o la sensación que percibes del chakra del corazón. ¿Qué colores distingues? ¿Qué sensaciones te produce?

Siente con todo tu ser. Deja que las emociones más profundas afloren. No analices cómo te sientes, pues este es un espacio seguro para sentir. Serás testigo de lo que sucedió, pero sin involucrarte en el drama que conllevó. Recuerda que no te encuentras en el plano de la mente o el ego, sino en el del corazón.

En este espacio inmenso, cálido y protector, fíjate en la edad que tienes y anótala. Puede que te visualices en el presente o a cualquier otra edad.

- Pide a tu consejero o consejera o animal espiritual (si está presente) que te ayude a hacer fuego y a colocar unas sillas alrededor para formar un círculo sagrado.

Evoca un recuerdo de tu infancia o de otra época e invita a tu niña interior y a tu madre a que se unan al círculo. Después, invita a cualquier otra persona que desees a que se siente también junto al fuego.

Toma nota de dónde deciden tomar asiento, de la edad que tienen, de la ropa que llevan y de todo lo que consideres importante en este momento. A lo mejor prefieres tener al lado a tu niña interior para poder agarrarle la mano o darle un abrazo. Saluda a tu madre con las emociones más sinceras que experimentes en este momento.

• Deja que tu mente evoque el recuerdo y ten en cuenta que todos los presentes junto al fuego también pueden verlo. No lo estás reviviendo; simplemente lo observas.

Según la vivencia que has dejado que se proyecte en la pantalla que visualizas, puedes mantener una conversación con tu madre. Pregúntale todo cuanto necesites saber y deja que responda. Mientras tanto, toma plena conciencia de tus sentimientos, respira y vive la experiencia.

Permite que tu madre sienta lo que estás sintiendo, que vea las cosas desde tu punto de vista. Llegará a comprenderte de una manera que le había resultado imposible hasta ahora o que tú no habías sido capaz de expresar hasta ahora.

Recuerda que aquí tú eres un ser de inmensa y desbordante energía de amor puro e incondicional. Pon por escrito todo cuanto tu yo superior te transmita en el transcurso de la experiencia.

Ahora puedes conectar con el corazón de tu madre para sentir lo que siente tras llegar a un entendimiento profundo de tu dolor. Deja que la compasión te embargue. Así podrás apreciar *lo mejor de tu madre, si hubiera sido consciente de ello*. Toma nota de lo que experimenta al ser consciente de lo que sufriste.

Partiendo de la base de que tu madre probablemente hizo lo mejor que pudo con los recursos con los que contaba en aquel entonces, ¿qué tiene que decir sobre el dolor que experimentaste en ese momento? *Permite que se exprese con el corazón en la mano*.

¿Qué respuesta tiene tu niña interior o tu yo más joven para tu madre? ¿Qué tiene que decirle tu yo presente?

¿Hay más preguntas que necesitas plantear a tu madre? Escucha con atención sus respuestas. Recuerda que quien está hablando es su yo superior, no la persona que fue o la que es hoy.

¿Qué tendría que ocurrir con el fin de que te reconciliaras con tu madre en lo tocante a este recuerdo en particular o a cualquier otro que desees afrontar? Tras escucharla desde el plano del alma, permitir que empatice con tu dolor y ser testigo de su reacción, ¿serás capaz de contemplar la idea de encontrar cierta paz o llegar a estar totalmente en paz con la situación?

El objetivo de esta ceremonia de fuego, lejos de justificar los actos de tu madre, es sencillamente permitir que las dos os reunáis en el espacio seguro y ecuánime del corazón.

- Tranquiliza a tu yo más joven con las siguientes palabras:

  No tienes que experimentar este dolor de nuevo. Comparto contigo todos los recursos de los que ahora dispongo para ayudarte a gestionar cualquier cosa con la que tal vez sigas lidiando. Te quiero y te protegeré, guiaré y apoyaré.

- Deja que todos los integrantes del círculo se disuelvan en el éter.

- Ahora, observa el espacio del amor de nuevo. ¿Cómo ha cambiado el escenario que te rodea? ¿Qué sensaciones notas en tu cuerpo? ¿Y en tu corazón?

- Cuando estés lista, regresa al presente por las mismas escaleras y deshaz el camino que recorriste al inicio del ritual. Tómate tu tiempo para apreciar qué aspecto tienen ahora el camino y los escalones y cómo te sientes.

- Abre los ojos cuando estés lista.

- En cuanto finalices el ritual, escribe una breve (o larga) carta a tu yo del pasado. ¿Qué enseñanzas proporciona a tu niña interior?

El ritual ha concluido. Ahora, nutre tu cuerpo y bebe abundante agua. A lo largo de los siguientes días y meses es posible que tengas nuevas revelaciones. Benditas sean.

En un ritual más corto, si deseas revivir más recuerdos o heridas, simplemente mantén conversaciones con tu madre y con tu yo más joven o con el del presente alrededor del fuego que visualices. Deja que empaticen con lo que estás sintiendo y que respondan desde el yo superior. Transcribe las conversaciones y continúa avanzando hacia la reconciliación, capa tras capa, hasta que esos recuerdos dejen de pasarte factura.

DE LA CODEPENDENCIA A LA COCREACIÓN

La codependencia es habitual en personas que han sufrido traumas, abandono, pérdidas y abusos.

Podemos mantener una relación codependiente no solo a nivel físico, sino también a nivel mental con nuestros patrones de pensamiento, recursos e ideas. Adoptar ciertos comportamientos genera un efecto similar al de la dopamina y nos mantiene atrapadas en la espiral del autoabandono.

La codependencia es una pérdida de identidad.

Se produce porque llegamos a un punto en el que pensamos que nuestras necesidades no son importantes y que nos resulta más seguro adaptarnos a los estados de ánimo, los deseos y las expectativas de quienes controlan nuestra vida, en concreto nuestra madre, en la que confiamos que nos proporcione cariño, amor, compasión, ánimo y directrices para honrar nuestra propia sabiduría.

Para encarnar nuestro propósito y ser capaces de vivir con una actitud empoderada hemos de analizar con honestidad los aspectos de nuestra vida en los que nos encontramos más apegadas a lo que piensan los demás, o a cómo podemos complacerlos, y tomar conciencia de que *tenemos todas las claves para vivir la mejor vida posible*.

Cuando negamos nuestra valía, actuamos desde la vergüenza y la culpa.

No soy lo que me sucedió.
Soy lo que elijo ser.

CARL JUNG

REGISTRO DE IDEAS PARA EMPRENDER INICIATIVAS

- ¿En qué aspectos de tu vida eres capaz de escuchar mejor tu intuición y reconocer el poder y la soberanía que hay dentro de ti?

  Emprende acciones para identificar tus necesidades, alzar tu voz y mirar por ti. Nadie mejor que tú sabe lo que necesitas.

- No es posible malcriar a una niña con amor. Escribe diez maneras en las que puedes tratarte con cariño. Adopta una actitud *egoísta* desde la autoestima.

- Adoptamos comportamientos de la infancia que reflejan el desapego de nuestras madres. Regresa a tu esencia. Anota patrones que te gustaría romper.

- ¿Cuál es tu verdad? Formula una declaración o un mantra que valide la razón de tu existencia en la Tierra y tu derecho a ser amada. Enumera tus cualidades y dones: «Estoy aquí para...», «Creo que/creo en...», «Soy una persona...».

- ¿En qué aspectos renuncias a tu poder o a tu identidad? Ahora, dale la vuelta a eso. ¿De qué manera puedes recuperar el poder?

- Enumera tus relaciones profundas. ¿Qué límites consideras laxos en dichas relaciones? Asume la responsabilidad de los límites que estableces, sin disculparte por ello (tienes todo el derecho a protegerte), realiza cambios y observa cómo das un salto hacia la materialización profunda de tu propósito.

- Cuando anhelamos a la madre que no tuvimos, buscamos sustitutos en otras relaciones. Escribe entre una y tres cosas que no tolerarás en tu vida de ahora en adelante, incluidos los hábitos de autosabotaje.

- La relación que mantenemos con la abundancia, los recursos o el dinero se refleja en la relación que mantenemos con nosotras mismas. Los pensamientos del tipo «no necesito mucho», «nunca tengo suficiente» o «no es importante para mí», o a la inversa, acumular dinero sin satisfacer nuestras necesidades, indican que nos avergonzamos de la abundancia. Las creencias profundas que hemos interiorizado son: «No soy digna de ello», «No soy merecedora de ello», «No hay suficiente para MÍ».

  Usa el siguiente mantra o uno propio para crear una relación sana con la abundancia. Ponlo por escrito o pronúncialo en voz alta: «Soy suficiente. Soy abundante. Me valgo de los recursos que creo en mi interior. Mis deseos reciben el apoyo del universo».

- La independencia no significa despreocuparse de los demás, sino no inmiscuirse en sus vidas hasta el punto de anular su capacidad para *preocuparse de ellos mismos*. Vivir para nosotras mismas es reconocer nuestra valía personal. Mantener el equilibrio entre ambas cosas significa asegurarnos de tener el vaso lleno antes de ofrecer a alguien. Nadie es capaz de alcanzar la consecución de su propósito de una manera sostenible desde la base de la autoprivación.

Apunta de qué manera estás cultivando tu soberanía y permitiendo la de los demás.

Pronuncia este mantra: «Respeto mi potestad sobre mi propia vida. Soy autosuficiente y amo en quien me he convertido y en quien estoy convirtiéndome. Ofrezco de un pozo lleno de abundancia».

- No hay nada de malo en ser desprendida y generosa, siempre y cuando la motivación no sea el miedo o la culpabilidad. Ahora la responsabilidad de ti misma recae sobre ti. No te sentirás abandonada por no dar o complacer lo suficiente, puesto que has puesto límites sanos contigo misma y con los demás. No te sentirás rechazada ni en la obligación de ser perfecta.

Anota un aspecto en el que te has convertido en cocreadora de tu vida y te has liberado del miedo, con la confianza de que te sentirás segura en lo concerniente a tus decisiones.

• El sentimiento de conexión es lo que todo ser humano anhela con el fin de alcanzar la autorrealización. Cuando nos enfrentamos al miedo que subyace en esos rincones oscuros de nuestro interior y aceptamos que es fruto del sentimiento de rechazo, abuso, abandono o desamparo, nos damos cuenta de que *es posible mitigarlo sencillamente sintiéndolo en vez de evitándolo*. Lo superamos y vemos que desaparece. Es entonces cuando podremos conectar a un nivel profundo con nuestra esencia, con el espíritu, con la Gran Madre y con los demás sin perder la identidad.

¿De qué manera te sientes fortalecida al haberte enfrentado a las sombras misteriosas de tu herida materna? Celebra tu valentía y el trabajo que has realizado.

EXTRACTO DE
LA CONSPIRACIÓN DE LA MATERNIDAD

de Galina Singer

En su libro *The Motherhood Conspiracy* [La conspiración de la maternidad], Galina Singer dice lo siguiente:

«Gran parte de los esfuerzos de los padres y las madres de hoy en día se invierten en proporcionar bienestar material a sus hijos e hijas, pero no en la creación de vínculos emocionales y espirituales con cada uno de ellos. A menudo es precisamente esa presión por perseguir la perfección y la riqueza material —proyectando nuestras ambiciones frustradas junto con nuestros miedos a la escasez y a la supervivencia sobre nuestros descendientes— lo que fomenta y crea el distanciamiento con nuestra prole.

»Nuestros hijos y nuestras hijas no necesitan más juguetes o dormitorios más grandes; lo que necesitan es más interacción y desarrollar su capacidad para explorar nuevas cosas sin la obligación de alcanzar un resultado o un *rendimiento*. Si siempre nos centramos en los objetivos y tratamos de imponerles una determinada meta, no percibimos su realidad o quiénes son en este momento. Cuando no se sienten aceptados por quienes son, seguirán exigiendo ciertas conductas en sus relaciones en vez de aceptar a las personas tal como son. A ellos no les importa lo jóvenes o delgados que estamos. En definitiva, son nuestros propios conflictos internos los que nos impiden establecer vínculos adecuados con nuestros hijos e hijas o con cualquier otra persona que forme parte de nuestra vida.

»Es nuestra capacidad de tratarnos con compasión y amor incondicional lo que puede propiciar un entorno donde se sientan aceptados y queridos. La falta de cariño y aceptación que mostramos hacia nosotras mismas se pone de manifiesto en todas nuestras relaciones.

»Los niños y las niñas no son conscientes del sufrimiento interior de su madre, solo perciben cómo muestra distante o ausente, y se lo toman como algo personal. Después, proyectan el dolor por la ausencia de su madre y agravan su tristeza, sus preocupaciones, su ira, su sensación de que la vida le ha sido arrebatada.

»La maternidad es una elección cuyas consecuencias trascienden mucho más allá de nuestra propia vida».

GALINA SINGER, escritora y *coach* relacional

*Una manera de sanar el pasado y el futuro
es estar presente en el ahora.*

CAPÍTULO 11

Quererse a una misma

El misterio femenino

Es posible vivir en el ahora y sanar heridas profundas del pasado. De hecho, enraizarnos en el instante presente es la forma más segura de analizar nuestra historia.

TÚ, HERMOSA MUJER QUE HABITAS TU CUERPO

Pon por escrito de qué manera has cultivado tu autoestima al indagar en tu herida materna.

- ¿Cuál crees que ha sido un momento crucial en tu búsqueda para descubrir las sombras de tu herida materna?
- ¿Dónde sentiste que se produjo un cambio de perspectiva de ti misma con respecto al trasfondo de tu historia?
- Incorpora a tu altar algo que simbolice lo que sientes acerca de ti misma hoy, después de realizar todo este trabajo.

HONRAR LAS EMOCIONES Y EL CAOS

Lo *divino femenino* representa el hemisferio derecho del cerebro, las emociones, el caos y la intuición; la capacidad de recibir, cultivar y entregarse al amor, y la sanación; y, por otro lado, la ternura, sabiduría, expresividad, paciencia, flexibilidad, creatividad, dulzura, serenidad, predominio del corazón, fluidez, expansión y focalización interna.

- ¿Cuáles de estas cualidades posees y manifiestas sin tapujos? ¿Cuáles son las que definen tu actual identidad?
- ¿Consideras valiosos esos atributos o en el pasado han sido una causa de vulnerabilidad?
- ¿Hay cabida en la relación con tu madre para expresar el caos y las emociones?

  ¿Te parece seguro hacerlo o tienes que desempeñar un rol?

  ¿Cuál es ese rol?

  ¿Eres capaz de darte permiso para desenmascararte y ser tú misma?

- ¿En qué medida puedes mostrar tu autenticidad delante de tu madre? ¿Tienes la posibilidad de expresar tu naturaleza salvaje sin disculparte por ello?
- ¿Qué aspectos de ti desearías poder mostrar realmente a tu madre?
- ¿Qué cualidades te estás negando a ti misma? ¿Sientes el anhelo de decirte algo respecto a quién eres de verdad y de darte permiso para ser?

Lo *divino masculino* representa el hemisferio izquierdo del cerebro, la lógica, la aventura, la acción, el raciocinio, la fuerza y la supervivencia; la firmeza, la lealtad, la racionalidad, la agresividad, el equilibrio, la asertividad y la capacidad analítica; y, por último, el desapego emocional, la focalización externa y la organización.

- ¿Cuáles de estas cualidades consideras que posees?
- ¿Cómo puedes proporcionar más equilibrio a tu esencia femenina/masculina?
- Estamos condicionadas culturalmente para expresar lo que se considera correcto y reprimir lo que se considera incorrecto desde la perspectiva de género. ¿Te han pedido que adoptes cierta actitud o han hecho que te avergüeçes y te comportes de la manera «correcta»? ¿Cómo?
- ¿En qué aspectos de tu vida sientes que necesitas más equilibrio? ¿Qué requiere más de tu energía femenina o masculina?

- Cuando se encuentran en equilibrio, ¿te sientes más valiente para reivindicar y exigir la plenitud de tu encarnación en la Tierra?
- Si escribieras una carta a tu madre, ¿qué le dirías sobre las máscaras de las que deseas despojarte o sobre los roles que dejarás de desempeñar en adelante con tal de complacerla a ella o a tu niña interior? Así es como reclamas tu poder, porque el único reconocimiento que puedes tener la certeza de que se te concederá es el que te otorgas a ti misma.

Dejaré de llevar la máscara de…
Soy…

HONRAR LA PASIÓN Y EL DESEO

Amante. Sacerdotisa de la sensualidad. Creadora de vida.

Tu sexualidad es la fuerza vital del universo a través de la cual todo se crea. Es el fluir sagrado de lo divino a través de ti. Proporciona energía a todo lo que creas en tu vida.

Tus genitales, o *yoni*, y tu útero son los espacios sagrados donde se gesta toda vida. Es un misterio cómo el cuerpo y el espíritu se funden en lo más profundo del cuerpo femenino, y cómo el deseo y la sexualidad constituyen los canales de la encarnación del ser humano. El deseo es la semilla vital.

Mantras para la vida

- *Mi sexualidad es sagrada.*
- *Soy libre de expresar mi deseo y mi sexualidad.*
- *Adoro mi* yoni *y le ofrezco rituales de amor.*
- *Merezco disfrutar del placer intenso.*
- *La vida es placer.*
- *Yo soy placer.*
- *La vida es excitante.*
- *Honro mis preferencias sexuales personales y las exploro con libertad.*
- *Me deleito con la vida.*

- *El deseo es mi derecho de nacimiento.*
- *Amo mi cuerpo y le doy las gracias por su servicio.*
- *Expreso mis emociones al desnudo.*
- *Mi corazón y mi* yoni *están conectados a través del amor y la compasión.*
- *Mi sexualidad es extática.*
- *Exploro mi sexualidad y me siento empoderada por mis elecciones.*
- *Mis pechos, mi* yoni *y mi útero forman parte de mi soberanía y reciben un respeto sagrado.*
- *Soy irreverente.*
- *Soy un ser sexual.*
- *Mi energía sexual fluye a través de todos mis chakras.*
- *El placer y el deseo son sagrados.*
- *Mi* yoni *representa a la Gran Madre y lo divino femenino.*

Pon las manos en *yoni mudra* durante la siguiente meditación para calmar el sistema nervioso e imbuirte de paz y sosiego.

¡Tu *yoni* es tu centro energético!

- Practica la observación de tu *yoni*. Al venerarlo, al apreciar su belleza y su presencia, recordamos nuestra naturaleza divina y que el placer es nuestro derecho de nacimiento.
- Contempla la posibilidad de usar un huevo *yoni* para conectar con tu sexualidad sagrada, fortalecer el suelo pélvico y profundizar en tus prácticas

sexuales y en tus emociones en torno a la sensualidad.

- Crea una práctica sensual. Eres tu mejor amante, quien mejor conoce tus deseos, necesidades y caprichos sexuales. Las prácticas amorosas con tu propio cuerpo sirven para recordarle que es amado, respetado y valorado. Además, *recuperas* el poder sobre él.

- Abraza a la mujer salvaje que llevas dentro, liberada de la vergüenza y la repulsa por sus impulsos primarios.

- Haz una foto de tu hermoso *yoni*. Plantéate ponerla en tu altar o diario.

- Escribe lo que te encanta o desagrada de tu *yoni*, tu cuerpo y tu sexualidad. Pronuncia una oración por tu cuerpo y tu sexualidad en la que te perdones por todas las maneras en las que has podido ignorarlos, avergonzarte o abusar de ellos. Imbúyete de amor y compasión hacia ti misma por el viaje que has realizado sabiendo que lo hiciste lo mejor posible con el conocimiento que tenías en su momento.

Habla contigo misma tal y como hablarías
con alguien a quien amas.

BRENÉ BROWN

CAPÍTULO 12

Cruzar el umbral

La alegría y la aflicción pueden coexistir
en armonía en nuestro interior.

BIENVENIDA A TU RENACIMIENTO

Mediante el proceso de indagación en la herida materna en aras de la transformación, podemos regresar al útero y volver a nacer de una manera simbólica como mujeres alineadas con nuestro propósito personal.

Esto se consigue por medio de la *intención,* la magia de la que se sirve todo místico para alcanzar y materializar los resultados deseados.

Nuestro mayor anhelo espiritual es materializar nuestro *propósito*.

Cuando experimentamos la transformación tras entender a nuestra madre y aceptar el rol que ha desempeñado en nuestra vida, así como sus virtudes y limitaciones, y cuando somos capaces de sentir compasión por ella y perdonarla, *sentimos lo mismo con respecto a nosotras* y nos abrimos a la consecución de nuestro propósito y poder.

A lo largo de todo el proceso, esta ha sido la experiencia alquímica de transformación espiritual mientras sanamos la herida materna a través de la sabiduría de lo divino femenino.

Alcanzar tu propósito es encarnarte como un ser espiritual que vive una experiencia humana.

Pon tu intención por escrito

- Escribe una intención en tu diario para alcanzar tu propósito y empoderarte en una o varias frases.

  Ejemplo: *Mi deseo es descubrir las partes de mí misma que revelan el propósito de mi alma y poner mi firme intención en empoderarme queriéndome tal como soy, al mismo tiempo que persigo el crecimiento espiritual.*

Deja que fluya todo cuanto quiera aflorar y exprésalo con tus propias palabras: serán perfectas tal como te nazcan. Siente la intención. Esto invita a la fuente vital a cocrear contigo.

Crea un tablero de visión

Un tablero de visión, sea físico o virtual (en Pinterest, por ejemplo) es un poderoso recurso para plasmar aquello que *sientes* que es o intuyes que puede ser tu propósito (bajo la premisa de que el designio de tu alma evoluciona al mismo tiempo que tú).

En mi tablero cuelgo cosas que me inspiran, tales como imágenes de libros, jardines y gallinas, bonitos diseños de interiorismo y arquitectura…, cualquier cosa que me ayude a conectar con lo que considero sagrado. Son imágenes que hablan de una vida sencilla, de geometría sagrada, de silencio y sabiduría. Esto me reveló mi propósito de ser guardiana de la Tierra y consejera, pero, por encima de todo, mi vocación de servicio, que es mi verdadero propósito, con independencia de cómo lo exprese, en el terreno profesional o personal.

Nuestro propósito no es lo que hacemos: es lo que somos.

Adopta una nueva perspectiva

- Hazte una foto (o que alguien te fotografíe) en un bosque, junto a un río, en el campo o en cualquier otro lugar de la naturaleza que te resuene. Puedes vestirte en consonancia con tu actual deseo de expresar tu identidad o posar totalmente desnuda. Junto a la Gran Madre, al abrigo de su gracia divina y amor eterno, visualiza a la mujer que ha florecido tras realizar el viaje de transformación de su herida materna.

- Acompaña la foto con una versión actualizada de la historia de tu herida materna.

    ¿Desde qué nueva perspectiva puedes relatar tu historia?

    ¿En qué sentido ha cambiado tu perspectiva?

    A menudo, las personas que acuden a mí señalan que su historia es muy diferente a la que escribieron anteriormente; que lo primordial no es la experiencia vivida —ya sea poco detallada o una amalgama de recuerdos—, sino más bien el proceso de transformación y aprendizaje para ellas mismas y para otros.

• ¿Qué parte de ti has recuperado durante el proceso?

Ejemplo: *Confianza, sabiduría, seguridad en mí misma, autoestima, empoderamiento, asertividad.*
Añade este descubrimiento a tu historia.

• Especifica dónde has apreciado abundancia en los meses transcurridos desde el inicio de tu viaje y lo que te gustaría que se manifestara en el futuro desde este nuevo estado de consciencia.

La abundancia fluye en el espacio creado al encontrar la compasión y el perdón. Toma conciencia del espacio que has liberado para dar cabida a nuevas bendiciones.

Cada decisión que tomo es una opción entre una aflicción y un milagro. Elijo los milagros. Cuando tomas una decisión, cambias el futuro.

DEEPAK CHOPRA

RENACER ALINEADA CON TU PROPÓSITO

Tu nacimiento fue tu primer acto de valentía.

KATE CALLAHAN

Renacer es estar presentes en nuestro ser, entendernos en el contexto de los acontecimientos que nos han moldeado, pero que no nos definen.

Es liberarse por completo del victimismo y abrazar el empoderamiento para crear la vida que anhelamos.

La vida no es algo que acontece: la creamos con los pensamientos, las palabras y los actos.

- Antes de empezar este ejercicio, reúne lo siguiente: un palo largo (un palo de escoba, una rama o un cordel recio), salvia o palo santo, un cuenco de sal y un diario.
- Esparce la sal en un círculo con espacio suficiente para ti y el palo. Si prefieres prescindir de la sal, puedes dibujar un círculo imaginario con el palo, con un *athame* o con el dedo índice.
- Coloca velas, cristales y cualquier objeto sagrado de tu elección alrededor del círculo.
- Pon música que te alegre el alma.

- Prepárate meditando y poniendo en tu diario una intención para renacer con un propósito definido, salud, empoderamiento, bienestar y los designios de tu alma, liberada de los desafíos que antes entrañaba tu herida materna.
- Enciende las velas (¡con cuidado de que no se prenda la ropa al colocarte dentro del círculo!).
- Invita a todos tus aliados, antepasadas, guías espirituales, elementos, diosas, etcétera, que quieres que te acompañen en tu renacimiento.
- Anota en el diario todas las emociones que afloren.
- Entra en el círculo, ponte de pie a un lado del palo y conecta con todas las energías presentes. Tómate tu tiempo, no hay prisa.
- Cuando te sientas centrada, enraizada y preparada, pronuncia estas palabras al tiempo que pasas por encima del palo:

He renacido.
Me he materializado.
Persigo mi propósito.
Me siento plena.
Soy.

¡Enhorabuena, mujer salvaje! ¡Has sido artífice de tu renacimiento con una intención clara, sintiéndote empoderada y responsable de tu propio resurgir! La vida continuará transformándote, centrándote y expandiéndote. ¡No reprimas tus ganas de bailar, cantar o gritar a pleno pulmón!

Expresa tu gratitud a todos los guías y elementos presentes que te han apoyado en este ritual. Con las palmas de las manos sobre el centro del pecho, sal del círculo sintiéndote salvaje, libre y empoderada, tal como estabas predestinada en tu nacimiento. Anota todo en el diario.

Las psiques y las almas de las mujeres también tienen
sus propios ciclos y estaciones, de hacer y de estar solas,
de correr y de quedarse, de involucrarse y de retirarse,
de viajar y de descansar, de crear y de incubar, de
estar en el mundo y de regresar al hogar del alma.

CLARISSA PINKOLA ESTÉS

ORACIÓN DE CIERRE

Gran Madre:
Gracias por las bendiciones del nacimiento y el renacimiento,
por tu energía sanadora, amor y orientación.
Gracias por las bendiciones de tu útero: la certeza de que soy
creadora, alquimista y artífice de mi propia realidad.
Que recuerde la sabiduría de mi linaje materno y aproveche
el aprendizaje de mis experiencias para propiciar la
transformación de mi ser y de los demás.
Cuando sanamos, nos convertimos en sanadoras.
Muéstrame las enseñanzas que he de transmitir y aquellas
que he de desechar.
Mi voz entona el cántico de mis antepasadas, de las mujeres
que me precedieron.
Que mi voz transmita verdad a las generaciones venideras.
Que mi cántico sea el eco de las historias ancestrales
de todas las mujeres.
Que mi corazón se colme de amor y compasión para todas
las madres, incluida yo.
Que todas nos alcemos, agarradas de las manos, fortalecidas
para realizar el viaje de nuestras vidas.
Nos alzamos con gratitud.
Que así sea.

AVANZAR CON LA MADRE TIERRA

Práctica de magia chamánica

A lo largo de los siglos, curanderas, chamanas y practicantes de la medicina natural han descubierto que las flores, los árboles, las semillas, los arbustos, las raíces y la fruta contienen códigos sanadores y los han utilizado.

Los aceites esenciales son potentes aliados que pueden utilizarse para meditar, para realizar prácticas de enraizamiento o focalización o para soltar emociones enquistadas.

Impregnarse del «espíritu» de la planta es una forma de establecer una conexión directa con la Gran Madre. Es una manera de sentirse confortada por ella en el plano energético y recibir su amor.

Usa exclusivamente aceites de primera calidad, no solo para beneficiarte de propiedades sanadoras óptimas, sino también para rendir tributo a las plantas en su proceso de cultivo, cosecha y preparación.

Nota importante: La sostenibilidad en la producción de aceites esenciales es fundamental.

Práctica mágica

Elige entre uno y doce aceites esenciales con los que trabajar a lo largo de un año. Dedicar ese tiempo a un ritual mágico supone comprometerte a poner tu intención en doce meses de creatividad y manifestación. Esto influirá en otros aspectos de tu vida, entre ellos en el conocimiento más profundo de tu propósito y de la evolución de tu alma.

Pon en el diario de tu herida materna o en otro (puede ser digital) lo siguiente:

- El nombre y la imagen de la planta (incluida su denominación en latín).
- Su cualidad espiritual y sus propiedades sanadoras (para qué se usa).
- Cualquier información en la que quieras profundizar (por ejemplo, el uso y los significados de la rosa se remontan a la antigüedad).
- Qué significa para ti y cómo ha surgido tu relación con el espíritu de esta planta.
- Cualquier sincronía mágica o sanadora fruto de tu trabajo con esta planta.
- ¿Cómo te sientes al aspirar su aroma? ¿Qué emociones despierta en ti?

Comienza y termina tu trabajo de comunicación y conexión con cada planta transmitiendo tu gratitud.

También tienes la opción de visualizarte como un árbol madre y trabajar con doce árboles en vez de con aceites.

Me siento segura para expresar mi plenitud y ocupar el espacio que necesito en el mundo. Me siento segura para recorrer el camino deseado que vislumbré y para el que me preparé antes de encarnarme. La totalidad del universo, mis guías y mis antepasadas me apoyan en mi viaje. Encarno mi propósito.

DARK TEACHER*

de Jesica Nodarse

El trabajo de las sombras es una práctica,
una devoción, un sistema de autoevaluación.
No son solo lágrimas y noches oscuras,
no son solo invocaciones a Hécate y Lilith.
Va mucho más allá de la entropía y el dolor.
Es ese filtro adicional que colocamos
con el fin de imbuirnos de empatía antes de juzgar.
Son las revelaciones de la dolorosa infancia
que tienes súbitamente mientras lavas los platos,
la inhalación profunda que realizas
en un atasco de tráfico
para conectar con tu centro.
No reprimo tus lamentos,
los altares que estás llamada a crear,
ni la forma en la que Kali o Yemayá arden en tu sangre.
Bienvenido sea todo,
pero es mucho más que eso.
Es la devoción a nuestra verdad,
el recuerdo de quienes nos precedieron
y una lección de humildad.
Es abrazar a la niña que fuiste,

_____

* N. de la T.: «La maestra de la oscuridad».

honrar a la adolescente que luchó por ser escuchada
y hacer hueco a las enseñanzas,
así como al sufrimiento padecido.
Es la luz interior que brilla
y la oscuridad que sana.
Es una promesa para una misma que reza:
«No ignoraré mi propia naturaleza».
Es consciencia.

JESICA NODARSE, artista

SOBRE LA AUTORA

Monika Carless es autora de varias obras publicadas a nivel mundial y mentora de guardianas de la Tierra, hechiceras y creadoras. Lleva una vida tranquila en la isla de Vancouver, centrada en placeres sencillos con su pareja desde hace muchas lunas. Con el canto de su corazón guía a las mujeres para que alcancen su soberanía y muestren su autenticidad sin temor. Interesada especialmente en los arquetipos, la mitología y la maestría de la vida a través de prácticas autosanadoras, extrae las enseñanzas que le proporcionan sus años de hechicera y el poder sanador del arte y las palabras.

Puedes encontrar inspiración para la «mujer sabia en el día a día» en Instagram:

@monikacarless.moonwitch.

Entre sus libros figuran la trilogía de *The Dark Pool* [La laguna oscura] y *Tessa and the Faeries* [Tessa y las hadas].

Para realizar tu trabajo espiritual con Monika, visita su web monikacarless.com.

COLABORADORAS

Muchas gracias a las siguientes escritoras por sus aportaciones a este manual. Te recomiendo que conozcas mejor su trabajo a través de sus respectivos enlaces.

Sarah Norrad: sarahnorrad.com

Galina Singer: galinasinger.com

Sophie Grégoire: sophiegregoire.com

Tanya Markul: tanyamarkul.com

Jesica Nodarse: facebook.com/heathenwordsmith